Werner Ogris

MOZART

im Familien- und Erbrecht seiner Zeit

Verlöbnis
Heirat
Verlassenschaft

Böhlau Verlag Wien · Köln · Weimar

Gedruckt mit Unterstützung durch
das Bundesministerium für Wissenschaft und Verkehr

Coverabbildung:
Konstanze Mozart; Ölgemälde von Joseph Lange;
Hunterian Art Gallery, University of Glasgow.
Mozart am Klavier (Ausschnitt); unvollendetes Ölgemälde von Joseph Lange;
Mozart Archiv, Internationale Stiftung Mozarteum, Salzburg.

Die Deutsche Bibliothek – CIP-Einheitsaufnahme
Ogris, Werner:
Mozart im Familien- und Erbrecht seiner Zeit. Verlöbnis, Heirat, Verlassenschaft/
Werner Ogris. –
Wien ; Köln ; Weimar : Böhlau, 1999
ISBN 3-205-99161-3

© 1999 by Böhlau Verlag Ges.m.b.H. und Co.KG., Wien · Köln · Weimar
Gedruckt auf umweltfreundlichem, chlor- und säurefreiem Papier.
Druck: Berger, A-3580 Wien

INHALT

Inhalt

VORWORT

Es stellt gewiß ein Wagnis, vielleicht sogar einen Akt der Vermessenheit dar, dem Ozean der Mozart-Literatur einen weiteren Tropfen hinzuzufügen. Dies besonders dann, wenn man – wie ich – kein Mozart-Forscher *stricto sensu* und auch kein besonderer Musikkenner ist. Aber darauf kommt es im folgenden nicht an. Es geht in diesem Büchlein keineswegs um eine neue Mozart-Biographie, auch nicht um Musik- oder Medizingeschichte, sondern um *Rechtsgeschichte*.

Die vorliegende Skizze will und kann nicht den Versuch unternehmen, alle nur irgendwie bekannten rechtlichen Aktivitäten Mozarts zu verzeichnen und zu analysieren. Dazu fehlt es an Quellen und/oder an einschlägigen Vorarbeiten. Ich beschränke mich deshalb auf die familien- und die erbrechtlichen Aspekte, also auf Verlöbnis, Ehepakt, Eheschließung und Verlassenschaftsabhandlung. Diese Vorgänge sind allgemein bekannt und im großen und ganzen quellenmäßig gut erschlossen; doch eine Untersuchung vom juristischen oder rechtshistorischen Blickwinkel aus haben sie bislang kaum erfahren. Gerade dieser Ansatz aber erscheint mir als durchaus geeignet, das eine oder andere erhellende Schlaglicht auf des großen Musikers Rechtsgestion und Finanzgebarung zu werfen und dadurch Einblicke zu eröffnen in das Alltagsleben der Familie Mozart. Darüber hinaus bietet das Thema mit seiner prominenten Zentralfigur einen (hoffentlich!) publikumswirksamen „Aufhänger", um Rechtskultur und Rechtspraxis der josephinischen Zeit kurz zu beleuchten. Tatsächlich erfuhr die österreichische Rechtsordnung gerade während jener Jahre, die Mozart in Wien verbrachte, eine tiefgreifende Neuorientierung und Umgestaltung. Aufklärung und Naturrecht, die beiden geschichtsmächtigen Geistesströmungen des ausgehenden 18. Jahrhunderts, wiesen der Reform Richtung und Dimension. Der politische Gestaltungswille des aufgeklärten Absolutismus, *in concreto* verkörpert durch Joseph II., setzte sie in die Praxis um. Und Mozart war Zeitgenosse und Zeitzeuge!

Dieses Buch ist aus drei Aufsätzen entstanden, die an recht verschiedenartigen und – besonders für nichtjuristische Mozart-Freunde – nur schwer zugänglichen Stellen erschienen sind:

- *bey der copulation war kein mensch als die Mutter und die Jüngste schwester.* Mozart und das Eherecht seiner Zeit, Juristische Ausbildung und Praxisvorbereitung (JAP), Wien (Manz) 1991/92 Heft 1, 14–19;
- Mozarts *Heuraths-Contract* vom 3. August 1782, in: Festschrift zum 80. Geburtstag von Hermann Baltl. Hg. von Kurt Ebert, Wien (Verlag Österreich) 1998, 225–236;
- Die Verlassenschaftsabhandlung nach W.A. Mozart (Janos Zlinszky zum 70. Geburtstag), in: Publicationes Universitatis Miskolciensis – Sectio Juridica et Politica XV, Miskolc (Universitätsverlag) 1998, 127–136.

Nun habe ich diese Schriften zusammengefaßt und überarbeitet, zugleich ergänzt und mit *Abbildungen* versehen. Auf Anmerkungen habe ich zugunsten einer leicht(er)en Lesbarkeit verzichtet. Das kleine *Wörterbuch* gibt dem mit der Materie nicht vertrauten Leser Aufschluß über einige der im Text vorkommenden Termini oder Institute. Schließlich soll das Verzeichnis der *Personen* einen Eindruck vermitteln von dem gesellschaftlichen Umfeld, in welchem W.A. Mozart und seine Frau sich bewegten. Einige *Literaturhinweise* dürfen und sollen nicht fehlen; doch kann es sich dabei lediglich um erste Orientierungshilfen handeln.

Frau Universitätsassistentin Dr. Gabriele Schneider hat schon bei den drei oben genannten Aufsätzen mitgearbeitet. Sie hat mir auch diesmal wieder wertvolle Hilfe geleistet. Dafür sage ich herzlichen Dank. Ebenso Frau Eva-Maria Fellinger, die das Manuskript mit großer Geduld und mit viel Verständnis betreut hat.

Wien, im September 1999   *Werner Ogris*

1 Der Petersplatz im Jahre 1732 (das Haus zum Auge Gottes ist
durch die Kirche verdeckt)

I. VERLÖBNIS

Was that aber das himmlische Mädchen, als der
vormund weg war? Sie begehrte (von) der
Mutter die schrift, sagte zu mir: „lieber Mozart!
Ich brauche keine schriftliche versicherung
von ihnen, ich glaube Ihren Worten so" – und
zerriß die schrift.

Heiratsversprechen

1. Wolfgang Amadeus Mozarts Hausstandsgründung mit Konstanze Weber im Jahre 1781/82 verlief bekanntlich nicht ohne heftige familiäre Turbulenzen. Schon die Verlobung im Spätherbst 1781 war von schrillen Mißtönen begleitet. Sie entsprangen im wesentlichen der Antipathie, die Leopold Mozart, Wolfgangs Vater, gegen die Familie Weber im allgemeinen und gegen die Brautmutter, Maria Caecilie Weber, im besonderen hegte. Verzweifelt war der *Hochfürstlich-Salzburgische Vize-Capellmeister* bemüht, seinen Sohn von den/der *Weberischen* fernzuhalten, deren schlechten Einfluß auf seines Augensterns Moral, Karriere und Geldgebarung er spätestens seit dessen Mannheimer Aufenthalt (November 1777 – März 1778) wie die Pest fürchtete. Doch das besorgte Vaterherz kämpfte auf verlorenem Posten. Als nämlich Mozart Anfang Mai 1781 sein erstes Wiener Logis im Deutschordenshaus auf Anordnung seines Dienstherrn, des Salzburger Fürsterzbischofs Hieronymus Colloredo, Hals über Kopf räumen mußte, war ausgerechnet die *alte Madame Weber so gütig,* ihm *ihr haus zu offriren.* Das war eine Wohnung im zweiten Stock des einer Eleonore Andreß gehörenden (Zins-)Hauses *Zum Auge Gottes* am Petersplatz, Stadt Nr. 1226 (heute: I., Milchgasse 1 = Tuchlauben 6), wo dem jungen Musikus ein *hüpsches Zimmer* zur Verfügung stand. Überdies befand er sich *bey dienstfertigen Leuten,* die ihm *in allem, was man geschwind braucht, und – wenn man alleine ist – nicht haben kann, an die hand gehen.* Ein (Unter-)Mietzins oder/und ein regelmäßiges Kostgeld dürften nicht vereinbart worden sein, zumindest gibt es darüber keine Belege. Wahrscheinlich hat der (damals noch) recht finanzschwache *Kapellmeister* durch unregelmäßige Zuwendungen an Madame Weber zu den Kosten des Vier-Frauen-Haushaltes beigetragen. Dieser bestand aus der 54jährigen, seit Oktober 1779 verwitweten Frau des Hauses und ihren drei unversorgten Töchtern Josepha (22), Konstanze (19) und Sophie (ca. 14). Eine weitere Tochter, Mozarts Jugendliebe Aloysia (20), hatte im Jahre vorher den Schauspieler Joseph Lange geheiratet und mit diesem einen eigenen Hausstand begründet.

2. Bald kam es, wie es kommen mußte! Der als Single in der Großstadt Wien lebende, für eine gewisse Nestwärme – wie schlampig-bohemienhaft auch immer – und die erotische Ausstrahlung einer lebenslustigen Neunzehnjährigen gewiß nicht unempfängliche Junggeselle ließ sich in eine Situation manövrieren, aus der es nur schwer ein Entrinnen gab. Es findet sich allerdings kein Hinweis darauf, daß Wolfgang Amadé dies gewollt hätte! Es scheint im Gegenteil, als hätte er in jenem entscheidungsreichen zweiten Halbjahr 1781 nicht nur intensiv an der *Entführung* gearbeitet, sondern auch seine Liebe zu Konstanze, der drittältesten der Weber-Töchter, entdeckt und entfaltet. Ob diese die – offenbar echten und tiefen – Gefühle ihres liebes- und anlehnungsbedürftigen Hausgenossen mit gleicher Stärke und Intensität erwiderte, ist nicht klar. Viele

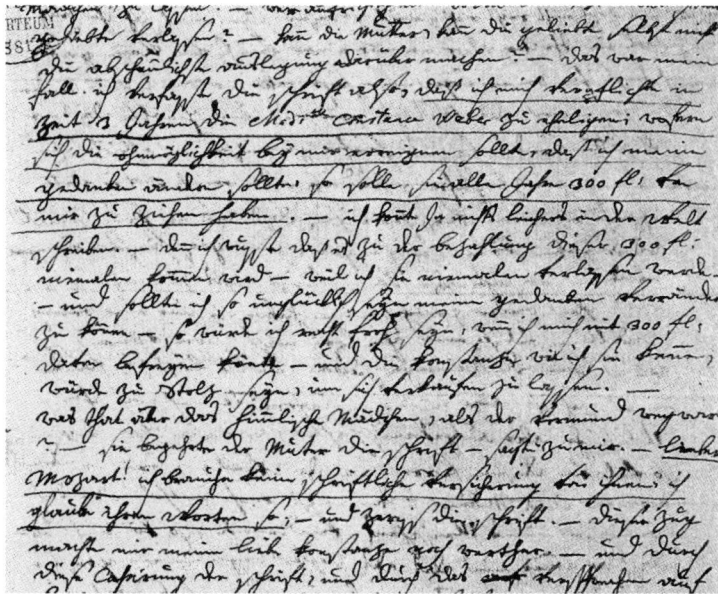

2 „Verlöbnisbrief" Mozarts an seinen Vater in Salzburg

Jahre später wird ihr zweiter Mann sagen, daß sie vielleicht *mehr für Mozarts Talent als für seine Person fühlte.* Vorerst jedenfalls scheint die junge Frau in einer Verbindung mit dem aufstrebenden Künstler eine günstige Gelegenheit für die Gestaltung ihres künftigen Lebens gesehen und – durchaus im Stile der Zeit – „mitgespielt" zu haben. Ob dies alles, wie viele Mozart-Biographen meinen, von allem Anfang an und zur Gänze auf das kupplerische Wirken der Mutter Weber zurückzuführen ist, läßt sich kaum feststellen. Gewiß wird diese daran interessiert gewesen sein, ihre Tochter an den Mann zu bringen (wenn auch nicht unbedingt aus dem Haushalt zu vertreiben). Doch dürfte der in seinem Benehmen oft ungestüme und nicht selten unbedachte „Freund des Hauses" durchaus seinen Teil zur Entwicklung der Dinge beigetragen haben. Zumindest konnte er dem Vorwurf, sein Umgang mit Konstanze gefährde den Ruf des Mädchens, nichts Überzeugendes entgegensetzen – wie dünn und fadenscheinig dieses Argument auch gewesen sein mag. Die Wiener Klatschmäuler jedenfalls hatten Hochsaison. Und sie ließen sich diese auch nicht durch die Tatsache vermiesen, daß Mozart, um dem Gerede nicht neue Nahrung zu geben, Anfang September das Webersche Dreimäderlhaus verließ und ein Zimmer am Graben nahm: im Hause der Theresia Contrini und des Joseph Keesenberg, Stadt Nr. 1175 (heute: I., Graben 17), als Untermieter bei dem kaiserlichen Hoffaktor Adam Isaak Arnsteiner im dritten Stock. Von dort waren es nur ein paar Schritte zum Hause *Auge Gottes am Peter*, wohin Wolfgang auch nach seinem Umzug häufig – er sagt selbst: *alle Tage* – auf Besuch kam.

3. Vor diesem Hintergrund ist jene berühmt-berüchtigte Szene zu sehen und zu verstehen, die sich irgendwann im Spätherbst 1781 (genaues Datum unbekannt) abspielte, aller Wahrscheinlichkeit nach in der Weberschen Wohnung. Personen der Handlung:

> *Wolfgang Mozart*, Bräutigam (in spe);
> *Konstanze Weber*, Braut (in spe);
> *Caecilie Weber*, deren Mutter;
> *Johann Thorwart*, des Mädchens Vormund.

Was in dieser trauten Runde geschah, schildert Mozart in einem denkwürdigen Brief vom 26. (wohl nicht 22.) Dezember 1781 an seinen Vater in Salzburg. Nachdem er diesem einige Tage vorher seine Heiratspläne mitgeteilt hatte, ließ er kurz nach Weihnachten die Katze, d.h. die ganze Wahrheit aus dem Sack, mit offenkundig schlechtem Gewissen und mit erheblicher Verspätung. Danach war es der *k.k. Hofdirektions-Revisor* Thorwart, Konstanzes *Gerhab,* welcher das große Wort führte. Ob aus eigenem Antrieb oder – wie meist angenommen – im

Auftrage von und im Zusammenspiel mit der Frau des Hauses,
ist schwer zu sagen. Jedenfalls stellte er Wolfgang vor die Al-
ternative, allen Umgang mit seiner jungen Freundin einzustel-
len – oder ein schriftliches Eheversprechen abzugeben. Der bis
über die Ohren verliebte Mid-Twen besann sich nicht lang.
Was blieb ihm denn auch anderes übrig? Er verfaßte *die schrift
also, daß ich mich verpflichte, in zeit von 3 Jahren die Mademoiselle
Constance Weber zu eheligen; wofern sich die ohnmöglichkeit bey mir
ereignen sollte, daß ich meine gedanken ändern sollte, so solle sie alle
Jahre 300 fl von mir zu ziehen haben.*

4. Es besteht kein Zweifel, daß Mozart von Thorwart „über-
fahren" und zu dieser – wie er in einem Brief an den Vater
vom 16. Januar 1782 eingesteht – übereilten Erklärung gedrängt worden war. Konstanze mag das Peinliche, vielleicht sogar Entwürdigende der Situation empfunden haben. Denn was
tat *das himmlische Mädchen,* als der Vormund weg war? Sie begehrte von der Mutter die Schrift und sagte zu ihrem frischge-
backenen Bräutigam: *Lieber Mozart! Ich brauche keine schriftliche
versicherung von ihnen, ich glaube Ihren Worten so ...!* Dabei riß sie
das Dokument in Stücke. Berechnung? Möglich, doch nicht
sehr wahrscheinlich. Mozart jedenfalls vermutete nichts dergleichen bei seiner Angebeteten; im Gegenteil: Dieser Zug
machte ihm seine *liebe Konstanze noch werther!*
Bei und trotz alledem bereitet es keine Schwierigkeiten, das
Geschehen als Verlöbnis zu qualifizieren, als gegenseitiges Versprechen, einander in Zukunft zu heiraten. Zwar erfahren wir
durch Mozarts Schilderung nur von *seinem* Eheversprechen;
doch dürfen wir annehmen, daß auch Konstanze ihrerseits den
Verlöbniskonsens erklärt hatte, zwar nicht schriftlich, aber
doch mündlich und/oder durch konkludentes Verhalten. Das
genügte; denn einer besonderen Form bedurfte das Verlöbnis
nicht. Unter diesem Gesichtspunkt ist das Zerreißen der Schrift

zu beurteilen. Indem Konstanze diese mit der Bemerkung *ich glaube Ihren Worten so ...* zerstörte, vernichtete sie nur die schriftliche Form, nicht aber Wolfgangs Eheversprechen an sich.

Verlöbnisfähigkeit

1. Auch von der Verlöbnisfähigkeit her drohte der – von Mozart im Brief an den Vater im damals üblichen Sprachgebrauch als *Ehecontract* bezeichneten – Vereinbarung keine Gefahr. Als Teil des Eherechts waren Gültigkeitserfordernisse und Folgen von Verlöbnissen Jahrhunderte hindurch vom kanonischen Recht geregelt und im Streitfall von kirchlichen Gerichten entschieden worden. Nur zögernd und mit großer Vorsicht und Zurückhaltung hatte der neuzeitliche Staat es gewagt, das Eherecht und die damit zusammenhängenden Fragen seiner Regelungskompetenz und Jurisdiktion zu unterwerfen. Doch geschah dies zunächst nur bei Einzelproblemen und in jenen Bereichen, die nicht unmittelbar den sakramentalen Charakter der Ehe betrafen. Eine dieser Materien war – neben dem ehelichen Güterrecht – die Verlöbnisfähigkeit.

Sie war zuletzt von Maria Theresia in der *Majorennitäts-Jahrebestimmung* vom 12. April 1753 geregelt worden. Danach trat die Großjährigkeit für Männer wie für Frauen erst mit dem *gänzlich erfüllten 24. Jahre* ein. Diese Bestimmung diente primär und hauptsächlich dem Schutz Minderjähriger vor unüberlegten Finanzgeschäften, sollte aber auch übereilte und/oder heimliche Verlöbnisse und Ehen hintanhalten. Demgemäß erklärte Punkt 5 des Patents *alle Sponsalia* (= Verlöbnisse) *und Eheabredungen, welche Minderjährige ohne Einwilligung des Vormunds, Curators und der vorgesetzten Obrigkeit* schlossen, für *null und nichtig*. Mit dieser – ältere Ansätze aufgreifenden – Verordnung trat Maria Theresia in massiven Gegensatz zum ka-

Majorennitäts-Jahrebestimmung.

Wir Maria Theresia rc. Entbieten allen und jeden Unsren treugehorsa Ständen, Innwohnern und Unterthanen, was Stands, Würde, Amt Wesens, die in Unsren gesammten deutschen Erbkönigreichen, Fürstenthümern Ländern sind, Unsre kaiserl. königl. Gnade und alles Gute, und geben den hiemit sammt und sonders gnädigst zu vernehmen;

(...)

Quinto: Obwohl die Vereheligung junger Leute nach den geistlichen und weltlichen Rechten gleich nach den annis Pubertatis geschehen, ja die Eheverlöbnisse noch vor diesem mündigen Alter geschlossen werden können, Wir auch der Freyheit dieses eigenwilligen Geschäfts unbillige Schranken zu setzen keinerdings geden-ken;

So mögen Wir doch in Erwägung, daß sich die in der Minorennität ste-hende Jugend öfters aus unüberlegter Neigung zu unanständigen Heurathen ver-leiten lasse, nicht umhin, hiemit gesetzmäßig zu verordnen, daß ein Minderjähriger ohne Einwilligung seines Vormunds, Curatoris, und der vorgesetzten Obrigkeit keine Sponsalia gültig contrahiren, noch weniger aber Ehebueredungen abschließen, sondern daß alle von Minderjährigen ohne solcher Einwilligung und Genehmhaltung geschlo-ßene Heurathskontrakte, an und für sich selbst null und nichtig seyn, und darauf bey keinem Gerichte einige Reflexion gemacht werden soll.

Wenn hingegen ein Vormund ohne Ursache seinen Consens hierzu verwei-gerte, stehet dem Mündel frey, sich sofort zu der den Pupillen vorgesetzten Obrig-keit zu wenden, und alldort die richterliche Hülfe zu suchen.

3 Majorennitäts-Jahrebestimmung vom 12. April 1753

nonischen Recht. Dieses hatte Verlöbnisse, welche Minderjährige ohne Zustimmung ihres gesetzlichen Vertreters eingin-
gen, zwar nicht gewünscht, noch weniger gefördert, aber doch
der Sache nach für gültig erachtet. Daraus resultierende Miß-
stände wie *boshafte, dem gemeinen Wesen schädliche Kupplereyen
und Verführungen* sowie heimliche Ehen *(matrimonia clandestina)*
riefen nach und nach den neuzeitlichen Fürsorge- und Obrig-
keitsstaat auf den Plan und veranlaßten ihn, dieser Praxis
unter dem Gesichtspunkt der *guten Polizey*, d.h. einer dem
Gemeinwohl verpflichteten Verwaltung, einen Riegel vorzu-
schieben. Das Verlöbnis als Rechtsinstitut blieb aber – damals
noch! – im Prinzip unangetastet.

2. Als Wolfgang Mozart und Konstanze Weber spät im Jahre
1781 ihren *Ehecontract* schlossen, war die *Majorennitäts-Jahrebestimmung* von 1753 (noch) geltendes Recht. Daran gemessen war
der Bräutigam voll verlöbnisfähig. Er war am 27. Januar 1756
geboren und stand daher zur Zeit der Verlobung bereits in seinem 26. Lebensjahr. Überdies lebte er seit seiner Übersiedlung
nach Wien *außerhalb des Brotes seines Vaters.* Dieses Erfordernis
der *Abschichtung* aus dem väterlichen Haushalt, also der wirtschaftlichen Selbständigkeit, war zwar in der *Jahrebestimmung*
von 1753 nicht erwähnt, dürfte aber von der (Wiener) Praxis beachtet worden sein. Für diese Annahme spricht, daß der *Codex
Theresianus* von 1766 eine entsprechende, freilich nicht Gesetz
gewordene Bestimmung enthielt (I Cap. III § 1 Z 8).

In diesem Zusammenhang erhebt sich die Frage nach dem
Internationalen Privatrecht. War Mozarts Geschäfts- und Ehe-
fähigkeit nach salzburgischem oder österreichisch-erbländi-
schem Recht zu beurteilen? Obgleich die Entwicklung fester
kollisionsrechtlicher Grundsätze damals noch in den Kinder-
schuhen steckte, neigte die Lehre dazu, in personen- und
familienrechtlichen Fragen das Heimatrecht des/der Betref-

fenden anzuwenden – bei Mozart also das Recht des Erz-
bistums Salzburg. Dort hatte eine Verordnung von 1681 das
Ende der Minderjährigkeit mit der Vollendung des *25sten Jahres des Alters* festgelegt. Mozarts Personalstatut war also strenger
als die *Jahrebestimmung* Maria Theresias. Doch bedeutete dies
keine Schwierigkeit: In jedem Falle war der Bräutigam volljährig und damit geschäfts- und ehefähig.

3. Etwas anders – und komplizierter – lagen die Dinge auf
Seite der Braut. Sie war am 5. Januar 1762 geboren worden,
zählte bei Verlöbnisabschluß erst 19 Lenze und war seit dem
Tode ihres Vaters Fridolin am 23. Oktober 1779 Halbwaise. Sie
bedurfte also, bei sonstiger Nichtigkeit ihres Verlöbnisses nach
staatlichem Recht, der Zustimmung ihres Vormunds und ihrer
Mutter. Diesbezüglich gilt Analoges zum Erfordernis der Abschichtung. Obgleich von der *Jahrebestimmung* nicht *expressis
verbis* gefordert, dürfte bei vaterlosen Halbwaisen neben der
vormundschaftlichen – aus naheliegenden Gründen – auch die
mütterliche Einwilligung verlangt worden sein. So auch der
Codex Theresianus (I Cap. III § 1 Z 9 und 22). Im vorliegenden
Fall stellte diese Frage kein Problem dar. Beide Zustimmungs-
erklärungen, jene des Vormunds und jene der Mutter, waren
ohne Zweifel gegeben. Wenn nicht schriftlich, so doch mündlich und/oder durch schlüssiges Verhalten. Das reichte: Mutter wie *Gerhab* hatten sich schließlich ausgiebig darum bemüht,
Mozart für Konstanze zu „gewinnen".

Bindungskraft

1. Die rechtlichen Wirkungen eines Verlöbnisses waren im
Jahre 1781 – noch! – vom kanonischen Recht bestimmt. Dieses hatte seit dem Hochmittelalter *grosso modo* zwei Arten von

Eheversprechen unterschieden: die *sponsalia de praesenti* und die *sponsalia de futuro*. Bei jenen war, wie der Name andeutet, der Konsens der Brautleute auf den sofortigen Eheabschluß gerichtet; sie begründeten daher – ob mit, ob ohne *fleischlichen Vollzug* – ein voll wirksames Eheband. Die *sponsalia de futuro* hingegen hatten eine künftige Eheschließung zum Inhalt, entsprachen also ungefähr dem modernen Verlöbnis, aber eben nur annähernd. Es wohnte ihnen nämlich eine viel stärkere Bindungskraft inne als einer heutigen Verlobung: Trat zu den *sponsalia de futuro* der Beischlaf der Verlobten *(copula carnalis)* hinzu, gingen sie „automatisch" in eine vollgültige und vollzogene Ehe *(matrimonium ratum et consummatum)* über. Im Lichte dieser *copula*-Theorie erschienen Verlöbnisse den Kanonisten geradezu als „angefangene Ehen" *(matrimonia inchoata)*, denen lediglich der Vollzug durch Koitus fehlte. Es war unausweichlich, daß diese Auffassung bald zum Tummelplatz weltfremder Lehren und abstruser Konstruktionen wurde. Dementsprechend gab es zahlreiche Unklarheiten und Abschwächungen. Im Prinzip jedoch folgte aus dieser Betrachtungsweise die Einklagbarkeit des Eheversprechens. Zum schärfsten Mittel, der Zwangstrauung, griff man verständlicherweise nicht oder doch nur in besonders „krassen" Fällen: etwa bei Schwängerung der Braut unter Zusage der Ehe, zumal dann, wenn die *Geschwächte* schon mehrere Kinder von ihrem heiratsunwilligen Partner hatte. Aber das waren und blieben Ausnahmen.

2. Davon abgesehen hielten die kirchlichen Gerichte *(Consistoria)* bis tief in das 18. Jahrhundert hinein eine Reihe empfindlicher Zwangsmaßnahmen gegen den wortbrüchigen Verlöbnispartner – in der Praxis war dies meist der Bräutigam – bereit. Bei Fluchtverdacht konnte er schon vor Beginn des Verfahrens, aber auch noch während dessen Dauer in Personalarrest genommen werden. In der Sache drohten ihm diverse

Kirchenstrafen *(Zensuren)*, unter Umständen sogar monatelange Beugehaft. Parallel dazu sollte der Richter um Vermittlung bemüht sein, um den widerstrebenden *sponsus* oder die abtrünnige *sponsa* dazu zu bringen, entweder das Eheversprechen zu erfüllen oder eine entsprechende „Abfindung" zu leisten. Gelang das nicht, konnte das *Consistorium* zwar nicht auf Abschluß der Ehe, wohl aber auf Schadenersatz oder auf Zahlung eines etwa bedungenen Reugeldes erkennen. Vollstreckt wurde der Spruch des kirchlichen Tribunals durch die weltliche Gerichtsbarkeit, die verpflichtet war, der Kirche ihren starken Arm, das *bracchium saeculare,* zu leihen.

Es liegt auf der Hand, daß dieser Dualismus den idealen Nährboden für eine Reihe schwerer Auseinandersetzungen zwischen Staat und Kirche bot. Sie entsprangen nicht nur dem Nebeneinander zweier Jurisdiktionssysteme, sondern auch einer unterschiedlichen Auffassung vom Verlöbnis. Während das kirchliche Recht weiterhin an der Verbindlichkeit des Eheversprechens festhielt, machte sich in staatlichen Kreisen eine massive Skepsis gegenüber den *erzwungenen Ehen* und den daraus *zu entstehen pflegenden üblen und gefährlichen, dem gemeinen Wesen höchst nachtheiligen Folgen* breit. Dementsprechend erörterte eine Kommission im Jahre 1772 die Notwendigkeit, die *bei den consistoriis übliche, ärgerliche und harte Executionsmittel per censuras ecclesiasticas* abzuschaffen. Dazu ist es zunächst nicht gekommen. Ende 1781 beherrschten daher weiterhin Kirche und kirchliche Gerichtsbarkeit das Verlöbnisrecht. In Wien klagten verlassene Bräute ihre ungetreuen Liebhaber vor dem erzbischöflichen Konsistorium, und das k.k. Stadt- und Landgericht auf dem Hohen Markt vollstreckte das Urteil durch Haft, Eintreibung von Reugeld oder Verurteilung zu Schadenersatz.

3. Mozart durfte also, zumindest vom juristischen Standpunkt aus, sein Heiratsversprechen nicht auf die leichte Schulter nehmen. Hätte er sein Wort gebrochen und hätte ihn Konstanze, notfalls vertreten durch einen Vormund, geklagt, so hätte er – bei unveränderter Rechtslage! – ohne weiteres auf Zahlung von 300 fl jährlich verurteilt werden können. Auf Lebenszeit der verlassenen Braut, wie dies der Wortlaut der Erklärung anzudeuten scheint, oder „nur" bis zu einer anderweitigen Verehelichung der *Mademoiselle Weber?* Und wann wäre die erste Jahresrate fällig geworden? Nach Ablauf dreier Jahre, also frühestens Ende 1784, oder schon vorher, falls Wolfgang – Gott bewahre! – eine andere zur Frau genommen hätte? All dies hätte im Streitfall ein kirchliches Gericht entscheiden müssen. Ebenso die Frage, ob der Bräutigam sich auf einen bei Abgabe seines Versprechens vorliegenden Willensmangel hätte berufen können. Der Verlöbniskonsens hatte ernsthaft und bestimmt zu sein und frei von Zwang, Furcht und Irrtum. War Mozart durch Thorwarts Drohung, er werde ihm jeden weiteren Umgang mit Konstanze untersagen, zum Verlöbnis und/oder zum Versprechen einer Konventionalstrafe gezwungen worden? Überrumpelt war der junge Mann gewiß, aber wohl nicht in einem seine freie Willensbildung beeinträchtigenden Ausmaß. Ihm war es völlig ernst mit seinen Heiratsabsichten, mögen Madame Weber und Vormund Thorwart auch *aus zu vieler sicherheit für sich selbst gefehlt haben und in der forderung einer schriftlichen verpflichtung zu übereilt* gewesen sein.

Im rosigen Lichte seiner Liebe zu Konstanze scheint Wolfgang die Konventionalstrafe-Vereinbarung nicht allzu tragisch genommen zu haben. Jedenfalls berichtet er in diesem Sinne an seinen Vater nach Salzburg: *Ich konnte ja nichts leichteres in der Welt schreiben. denn ich wußte, daß es zur bezahlung dieser 300 Gulden niemalen kommen wird, weil ich sie niemalen verlassen werde. und sollte ich so unglücklich seyn, meine gedanken verändern zu können, so würde ich recht froh sein, wenn ich mich mit 300 fl davon befreien könnte. und die Konstanze, wie ich sie kenne, würde zu stolz*

sein, um sich verkaufen zu lassen. Das mag gewiß auch oder überwiegend zur Besänftigung des aufgebrachten Leopold Mozart
gedacht gewesen sein; es zeigt aber doch, daß dessen Sohn
sich seiner Sache und seiner Gefühle sicher war.

4. Und wie steht es mit der finanziellen Größenordnung dieses Verlöbnis-Deals? Das ist schwer mit heutigen Verhältnissen
zu vergleichen und schon gar nicht in moderne Kaufkraft um-
zurechnen (1 fl = 315 ATS ?). Zur Einordnung der 300 fl Jahresrente in das damalige Preis- und Lohnniveau sowie in die
Lebenshaltungskosten des josephinischen Wien mögen immerhin folgende Angaben dienen: Im Januar 1782 meinte Mozart, bei einem *stillen und ruhigen Leben* an der Seite Konstanzes
mit 24 Dukaten = ca. 102 fl monatlich, also etwa 1200 fl jährlich, gut auskommen zu können. Für die *Entführung* erhielt er
im Juli desselben Jahres ein Fixhonorar von 426 Gulden. Als
Cammermusicus bezog er ab 1. Dezember 1787 für eine eher no-
minelle Tätigkeit ein Jahresgehalt von 800 fl brutto. Im Jahre
vor Mozarts Verlöbnis hatte sich Joseph Lange anläßlich seiner Verheiratung mit Aloysia Weber verpflichtet, deren Mutter jährlich 700 fl zu zahlen. Für sein *nobelstes Wiener Quartier* (4
Zimmer, 2 Kabinette, Küche, Boden, Keller, 2 Holzgewölbe)
im ersten Stock des Hauses Stadt Nr. 845 (heute: I., Domgasse
5 = Schulerstraße 8, sog. Figaro-Haus) schuldete Mozart 450 fl
Jahresmiete; für die ebenerdige Zimmer-Küche-Kabinett-Woh-
nung *samt Speis, Salettl, Holzlag und Boden* auf der Landstraße
Nr. 224 (heute: III., Landstraßer Hauptstraße 75–77) dagegen
nur 150 fl. Im allgemeinen schwankten die jährlichen Mietko-
sten, entsprechend der Größe und der Lage der Wohnung,
zwischen 60 fl und 500 fl. An Lebenshaltungskosten für einen
Mann des Mittelstandes ohne Familie hat man, je nach Ansprüchen, 460 bis 550 fl errechnet. Als Hofkapellmeister erhielt Salieri 1788 1500 fl Jahresgehalt, ein *ordinärer* Musiker je

nach Können und/oder Alter zwischen 200 fl und 800 fl. Der Lohn eines ungelernten Arbeiters betrug etwa 100 fl. Die Liste ließe sich fortsetzen, sowohl nach oben hin in die Schicht des gehobenen Bürgertums und des Adels wie auch nach unten hin in die Niederungen des städtischen Proletariats.

Bei alledem wird man sagen können: Die 300 fl waren, gemessen an den Lebensverhältnissen Konstanzes *anno* 1781/82, keineswegs eine *quantité négligeable*. Sie hätten ihr im Falle des Falles, nämlich im Falle des Sitzengelassenwerdens, gewiß keine großen Sprünge erlaubt, ihr aber doch geholfen, finanziell über die Runden zu kommen. Das alles wäre natürlich auf die Gestaltung ihres weiteren Lebens, auf Mozarts Zahlungswilligkeit oder Zahlungsfähigkeit sowie auf die Entwicklung der Preise angekommen. Von einer Wertsicherung der Rente war übrigens keine Rede. Und zuletzt noch eine weitere Vergleichsgröße: Die Gnadenpension, welche die Witwe und zweifache Mutter Konstanze Mozart ab 1. Januar 1792 erhielt, belief sich auf 266 fl 40 kr.

Brautstand

1. Der Brautstand der jungen Leute war nicht wolkenlos. Im April 1782 krachte es ganz gewaltig zwischen den beiden. Konstanze hatte sich beim Pfänderspiel in fröhlich-lockerer Runde *von einem Chapeau die Wade messen lassen*, worauf Mozart seine Braut mit Vorwürfen überschüttete. Diese, nicht faul, erklärte die Verlobung für gelöst und gab ihrem eifersüchtigen Freund *ohngeachtet allen seinen bitten dreimal den korb*. Doch bald herrschte wieder Eintracht. Auch bei Geschenken ließ sich Wolfgang nicht lumpen. Fast 60 Jahre später, in ihrem Testament vom 23. Juni 1841, wird *Frau Konstanze, Verwitwete Etatsräthin von Nissen, gewesene Wittwe Mozart*, ihren beiden Söhnen *die kleine Uhr*, die sie *als Braut von Mozart bekam*, vermachen.

4 Leopold Mozart um 1765

Schwerer als dieses emotionale Kalt-Warm, das wohl zum normalen „Einräumen der Beziehungskiste" zwischen den Verlobten gehörte, wogen die Querelen mit Witwe Weber und Wittiber Mozart. Auf dessen Seite trieb die Vater-Sohn-Beziehung einem Tiefpunkt entgegen. Auslösendes Moment waren Wolfgangs Heiratspläne, die alle ambitionierten Wünsche, die Leopold für seinen genialen Sohn gehegt hatte, in Frage stellten oder in Frage zu stellen drohten. Prompt kam dem 62jährigen Salzburger Musikbeamten, als er vom *Ehekontrakt* seines geliebten Kindes erfuhr, die Galle hoch. Wütend schlug er vor, daß Vormund Thorwart und Madame Weber, *in Eysen geschlagen, Gassen kehren und am halse eine Tafel tragen sollten mit den Worten: „verführer der Jugend"!* Eine Anspielung auf die theresianisch-josephinische Strafrechtspflege, als man Kuppler(innen) und die bewußten *Demoiselles* mit Vorliebe in Putzkompanien steckte, mit Besen ausrüstete und zur Straßenreinigung abstellte. Obgleich Leopold Mozart kein Mitglied der Familie Weber persönlich kannte, erstreckte sich sein abschätziges Urteil über Frau Caecilie auch auf die Braut seines Sohnes. Für ihn war und blieb die Liaison Wolfgangs mit Konstanze eine Mesalliance. Da halfen alle flehenden, erklärenden und in mancher Hinsicht gewiß auch beschönigenden Briefe nach Salzburg nichts. Vater Mozart grollte und schmollte, zeigte ostentatives Desinteresse an seines Sprößlings Arbeit und ließ diesen monatelang auf die drängend erbetene Heiratserlaubnis warten.

2. Im Hause Weber standen schwere Spannungen zwischen Mutter und Tochter auf der Tagesordnung. Thema Nummer 1 der häufigen und zermürbenden Reibereien: die Legalisierung des Verhältnisses Konstanze – Mozart. Es scheint, als hätten Witwe Weber und *Gerhab* Thorwart spätestens seit dem Frühsommer auf baldige Heirat gedrängt. Beiden mußte daran gelegen sein, die Braut unter die Haube zu bringen, ehe der vor dem Sprung zu einer großen Karriere stehende Bräutigam es sich – Konventionalstrafe hin oder her! – anders überlegte. Dafür freilich gibt es keinerlei Anhaltspunkte. Mozart scheint keinen Augenblick daran gedacht zu haben, Konstanze sitzenzulassen (eher umgekehrt!). Wohl aber kann man sich vorstellen, daß er nicht an Heirat denken mochte, solange er nicht die Zustimmung seines Vaters erlangt und in Wien in künstlerischer und finanzieller Hinsicht festen Boden gewonnen hatte. Gut möglich, daß Witwe Weber langsam, aber sicher die Geduld verlor und ihre Tochter einer Art Psychoterror aussetzte, wie sie dies schon bei Aloysia vor deren Hochzeit mit Joseph Lange getan hatte. Es ist allerdings nicht klar, ob die deutlich

zur Hysterie neigende Frau Caecilie stets wußte, was sie eigentlich wollte. Einmal war sie für, dann gegen, dann wieder für die Eheschlie-ßung Konstanzes mit Mo-zart. Zeitweise dürfte sie gehofft haben, im selben Haushalt mit dem jungen Paar zu leben und an dem zu erwartenden „Familien-einkommen" beteiligt zu werden. *Sie wünschte uns,* schreibt Mozart Ende Januar 1782 nach Salz-burg, *wenn wir verhey-rathet seyn werden, bey sich auf dem zimmer zu haben (denn sie hat quar-tier zu vergeben). Daraus*

5 Cäcilie Weber

wird aber nichts. Denn ich würde es niemalen thun, und meine kon-stanze noch weniger. Tatsächlich scheint es, als hätte diese es kaum erwarten können, den beschränkten Verhältnissen und der vergifteten Atmosphäre des mütterlichen Haushalts zu ent-kommen.

3. Fand sich also Mozart im Sommer 1782 im familiären Be-reich von mehreren Seiten unter Dauerdruck, so sah er sich auch im Berufsleben bis an die Grenzen seiner Leistungs-fähigkeit gefordert. Die Uraufführung der *Entführung* war, nach etlichen Verschiebungen, auf den 16. Juli 1782 festgesetzt wor-den. Von Erfolg oder Mißerfolg hing viel ab – für den Musiker ebenso wie für den Privatmann Mozart. Wir wissen, daß dem

6 Martha Elisabeth
Baronin von Waldstätten

Singspiel über den Zusammenprall zweier unterschiedlicher Kulturen ein grandioser Erfolg beschieden war, trotz einiger (organisierter?) Mißfallenskundgebungen bei der Premiere. Das Honorar von 100 Dukaten = ca. 426 Gulden war nicht berauschend, bewegte sich aber im Bereich des Üblichen. Was also lag näher, als nun, mit dem künstlerischen Durchbruch im Rücken und mit etwas Geld in der Tasche, auch die Ehesache zu einem Ende zu bringen. Dies umso eher, als die Dinge damals einem Krisen- und Höhepunkt zutrieben. Konstanze dürfte, als sie es bei ihrer nörgelnden Mutter wieder einmal nicht aushielt, zur Baronin Waldstätten, einer treuen Freundin und warmherzigen Mäzenin Mozarts, in die Leopoldstadt Nr. 360 (heute: II., Praterstraße 15) gezogen sein. Prompt wollte Madame Weber den aufmüpfigen Nestflüchtling *absolument mit der Policei abhollen lassen.* Empörter Aufschrei Mozarts: *darf denn hier die Policeiwache gleich in ein jedes Haus? – Vielleicht ist es auch nur ein Locknetz um sie nach Hause zu bringen. – Wenn das aber geschehen könnte, so wüßte ich kein besseres Mittel als die Constanze morgen frühe – wenns seyn kann heute noch zu heyrathen. – Denn dieser Schande möchte ich meine Geliebte nicht aussetzen – und meiner frau kann das nicht geschehen.*

Es mag dahingestellt bleiben, ob sich das alles so dramatisch abgespielt hat, wie es der verstörte Bräutigam in einem undatierten Brief an *Ihre Gnaden, die Frau Baronin,* schildert. Zeitpunkt und Hintergründe der an Keuschheitskommission und Sittenpolizei gemahnenden Affäre liegen weitgehend im dunkeln. Immerhin wird man Caecilie Webers Empörung und mütterlicher Sorge, ob gespielt oder ernst gemeint, nicht von vornherein jede Berechtigung absprechen dürfen. In Wiens guter Gesellschaft genoß die *hochgeschätztbareste* Martha Elisabeth von Waldstätten, eine geborene (von?) Schäfer, nicht gerade den besten Ruf. Die 38jährige lebte seit Jahren von ihrem Mann, einem Rat beim Niederösterreichischen Landrecht, getrennt und erfreute sich offenkundig nicht nur ihrer persönlichen Freiheit, sondern auch entsprechender Mittel, um ihre Unabhängigkeit in vollen Zügen zu genießen. *Obgleich auf dem Clavier und im Singen sehr geschickt* nahm sie Unterricht bei Mozart, der dafür manche Einladung zum Speisen, hie und da ein (Geld-)Geschenk und wohl auch die eine oder andere Lektion in der *ars amandi* erhielt. Im Frühsommer 1782 dürfte sich die in jeder Hinsicht großzügige Freiin als gute Fee und Beschützerin der von ihrer Mutter (angeblich) tyrannisierten und von Wolfgang aus dem Hause *Am Peter* „entführten" (!), das heißt: *erretteten* Konstanze erwiesen haben. Gut möglich, daß ihre Wohnung in der damaligen Jägerzeile dem jungen Paar in jenen turbulenten Tagen das eine oder andere Mal als Liebesnest diente.

Wie auch immer: Ende Juli war der Augenblick der Wahrheit gekommen. Die Liebenden entschlossen sich zur Heirat.

4. Wann dieser Entschluß gefaßt wurde, ist nicht bekannt. Wahrscheinlich irgendwann in der dritten oder vierten Juliwoche, ein paar Tage, nachdem die *Entführung* über die Bühne des Hoftheaters nächst der Burg auf dem Michaelerplatz ge-

gangen war. Der Termin für die Hochzeit wurde auf Sonntag, 4. August, festgelegt. Eine kurzfristige Planung. So kurzfristig jedenfalls, daß die Brautleute um Dispens vom Aufgebot ansuchten – die bewilligt wurde. Warum die Eile? War die Braut schwanger oder gab sie vor, es zu sein? Dafür gibt es keine Anhaltspunkte. Hatte der viel in Hofkreisen „herumkommende" Thorwart Wind bekommen von dem legislatorischen Unwetter, das sich gerade in jenen Sommertagen über dem Verlöbnisrecht zusammenbraute, und deshalb auf rasche *copulation* gedrängt? Möglich, aber nicht beweisbar. Vielleicht ist ganz einfach an eine Art Wennschon-dennschon-Haltung der Verlobten zu denken, die nun, der ständigen Querelen überdrüssig, endlich ihr privates Glück in trauter Zweisamkeit und in eigener Häuslichkeit genießen wollten. Es war Zeit, sich endgültig vom jeweiligen Elternteil abzunabeln und eine eigene Familie mit eigenem Hausstand zu gründen. Daß dies nicht ohne schmerzhafte Friktionen geschah, ist keineswegs nur den jungen Leuten anzulasten. Auf Wolfgangs Seite wollte Vater Leopold trotz seiner in hohem Maße vorhandenen Erfahrung und Lebensklugheit partout nicht wahrhaben, daß sein geliebtes Wunderkind einen selbständigen Weg suchte und wohl auch gehen mußte. Und auf Seite Konstanzes war die Beziehung der mittlerweile Zwanzigjährigen zur matronenhaften Mutter mit starken Zügen einer egoistischen Glucke längst unerträglich geworden.

Nun, da die Würfel für die Eheschließung gefallen waren, gab es eine Reihe von Formalitäten zu beachten, Behördenwege zu erledigen und Bescheinigungen beizubringen. Wie und wann das alles ablief und wer sich *in concreto* darum kümmerte, ist nur bruchstückhaft zu rekonstruieren. Man darf annehmen, daß der in Hof- und Beamtenkreisen gut bekannte und mit den entsprechenden Vorgängen – auch aus eigener Erfahrung – bestens vertraute Thorwart den Brautleuten bei den Hochzeitsvorbereitungen gern eine die Sache beschleunigende und „befördernde" Hand lieh. Denn in den Folgetagen rollte alles mit atemberaubender Schnelligkeit ab. Auch eine Wohnung war gemietet worden; Mozart dürfte sie bereits zwischen dem 20. und dem 23. Juli bezogen haben.

Consensum Tutorium a Camera Pupillari Sponsa tulit. Dispensati in tribus denunciationibus Authoritate Ordinaria, deposito utrimque libertatis juramento Copulati sunt 9. Septembris.	Der hochgeehrte Herr Johann Thorwart, fürstlich lambergischer Cammerdiener, ledig, allhier gebürtig, des Herrn Philipp Thorwart gewesten bürgerlichen Wirths und Mariae Annae Uxoris beyden seeligen (Angedenkens) ehelicher Sohn.

Mit der hochgeehrten und tugendreichen Jungfrau Francisca Schnockin, allhier gebürtig, des Herrn Johann Caspar Schnock, gewesten bürgerliche Chirurgi seeligen (Angedenkens) und Mariae Ursulae Uxoris ehelicher Töcher.

Testes: Herrn Wolfgang de Luca, bürgerlicher Caffee-Sieder in der Stadt; und Herrn Georg Franz Denlacher, Gemeiner Stadt Wienn Pupillen Raitt-Handler

7 Trauungseintrag Johann Thorwart – Franziska Schnock 9. September 1760
(vgl. S. 45 und 74)

II. HEIRAT

*bey der Copulation war kein Mensch als die
Mutter und die Jüngste schwester. – H. v. thorwart als vormund und beystand von beyden; –
H. v. Zetto, Landrath, beystand der Braut; und
der gilowski als mein beystand.*

Ehekonsense

1. Bei all dem Trubel versäumte Mozart nicht, sich dringend
und flehentlich um seines Vater Einwilligung zur Eheschließung zu bemühen, zuletzt in Briefen vom 27. und 31. Juli
1782. Sie waren respektvoll, lassen aber doch deutlich eine zu-
nehmende Frustration über seines Erzeugers Uneinsichtigkeit,
um nicht zu sagen: Sturheit erkennen. Schließlich scheint Wolfgang entschlossen gewesen zu sein, Konstanze ohne den Konsens seines *très cher Père* zur Seinigen zu machen. Was auch geschah. Immerhin hat Leopold Mozart zuletzt doch noch
eingelenkt und seine Zustimmung erteilt, wenn diese auch erst
am Tage nach der Hochzeit in Wien einlangte (Postlauf!). Es
wird sich nicht klären lassen, ob der *gehorsamste Sohn* seinem
Vater im Schreiben vom Monatsultimo den bereits festgeleg-
ten Hochzeitstermin – aus welchen Gründen immer – bewußt
verschwiegen hat oder ob die Trauung erst nach Abfertigung
der Post nach Salzburg terminisiert worden war. Jedenfalls
dankte Mozart später mit *aller Zärtlichkeit, die immer ein Sohn für
seinen Vater fühlte, für die ihm gütigst zugeteilte Einwilligung und väterlichen Segen!* Deren Wortlaut ist nicht erhalten.
Juristisch war das Fehlen der väterlichen Einwilligung be-

Heirat

deutungslos. Wolfgang, seit langem volljährig und vom Haushalt des Vaters abgeschichtet, war unbeschränkt geschäfts- und ehefähig. Wenn er sich dennoch bis zuletzt um Leopold Mozarts Zustimmung bemühte, so aus einer diesem geschuldeten und wohl auch von Herzen gezollten Ehrerbietung. Doch sei in diesem Zusammenhang darauf hingewiesen, daß die zeitgenössische Rechtswissenschaft heftig die Frage diskutierte, ob und gegebenenfalls auf welche Weise Kinder, und zwar auch großjährige (!), „bestraft" werden könnten, die sich gegen oder ohne den Willen ihrer Eltern verheirateten. In Betracht kamen Enterbung und/oder Verlust des Anspruchs auf Ausstattung oder Aussteuer. Für Salzburg hatte Erzbischof Paris am 5. Mai 1643 verordnet, daß Eltern, denen die Heirat ihrer Kinder *etwa aus billigen Ursachen zuwider ist,* diesen kein Heiratsgut und keine Aussteuer bestellen und von etwaigem Kapitalvermögen *nur von dem Interesse ein Geringes* ausfolgen müßten. Sieben Jahre später wurde ausdrücklich klargestellt, daß diese Bestimmung nur Minderjährige beträfe. Im konkreten Fall „Vater Mozart und Sohn" spielten derartige Überlegungen gewiß keine Rolle. Immerhin zeigt diese Problematik doch recht eindrucksvoll, daß dem väterlichen Ehekonsens im Verständnis der Zeit ein höherer Stellenwert zukam, als wir ihm heute zuerkennen.

2. Anders als ihr Bräutigam benötigte Konstanze als minderjährige und vaterlose Halbwaise zur geplanten Eheschließung die Zustimmung von Mutter und Vormund, darüber hinaus aber auch – und vor allem – die Ehegenehmigung der obervormundschaftlichen Behörde. Erstere waren Ende Juli längst erteilt, wenn auch zunächst nur mündlich und/oder durch konkludentes Verhalten. Eine schriftliche Fixierung folgte jedoch bald, und zwar im Rahmen der mit der Eheschließung unmittelbar zusammenhängenden Rechtsakte. So am 29. Juli,

als Mozart mit Johann Thorwart als Mitunterzeichner um den *obergerhabschaftlichen* Ehekonsens einkam. Zuständig für dessen Erteilung war das k.k. Obersthofmarschallamt. Diese Behörde war, auf älteren Grundlagen aufbauend, im Laufe des 16. Jahrhunderts entstanden und hatte sich in einem verschlungenen und unübersichtlichen Prozeß nach und nach zu einem Gericht für den Hof und dessen Bedienstete entwickelt. Organisation und Kompetenzen waren zuletzt von Maria Theresia geregelt worden. Eine Instruktion von 1763 unterstellte u.a. *das gesamte im Hofdienst stehende Personal* der obersthofmarschallischen Jurisdiktion. Dementsprechend hatte Fridolin Weber als Kassenbeamter beim k.k. Nationaltheater seinen ordentlichen Gerichtsstand vor dem *obrist hof-marschallen-amt* gehabt. Dieses hatte, nach einem seit der Mitte des 17. Jahrhunderts allgemein anerkannten Grundsatz, auch als Obervormundschaft für die Waisen nach den seiner Jurisdiktion unterworfenen Personen einzuschreiten. Als nun Vater Weber am 23. Oktober 1779 an den Folgen eines Schlaganfalls starb, war es das Obersthofmarschallische Gericht gewesen, das den vier minderjährigen Weber-Schwestern, einen *Gerhaben* bestellte. Die Wahl war damals auf den *Revisor beim k.k. Nationaltheater,* Johann Thorwart, gefallen. Dieser hatte schon im September/Oktober 1780 im Vorfeld der Heirat von Konstanzes älterer Schwester Aloysia mit dem Hofschauspieler Joseph Lange kräftig „mitgemischt". Nun also, nicht ganz zwei Jahre später, setzte er seine Unterschrift unter Mozarts Gesuch um Ehebewilligung an das *Hochlöbliche kaiserlich-königliche Obrist.-Hofmarschallische Gericht.* Die Eingabe lautet:

Ich habe mich entschlossen die Constantiam Weberin dero Pupillin mit vorläufiger Einwilligung ihrer Frauen Mutter, und des mit unterschriebenen Herrn Vormund zur Ehe anzuwerben. Hierzu ist Euer Excellenz hohe Einwilligung nötig, worum ich hiemit bitte.

Mich zu gnad empfehlend Euer Excellenz gehorsamster ... Es folgen die eigenhändige Unterschrift des Antragstellers, der mit *Wolfgang Adam* (!) *Mozart* unterzeichnet, und dann jene des *Johann Thorwart als Gerhab.*

Die – positive – Erledigung geschah prompt, datiert jedenfalls vom selben Tage, einem Montag:

Fiat und will das K. K. Oberst HofMarschallische Gericht invermelter Vereheligung mit der Constantia Weber den obergerhablichen Consens hirmit ertheilet haben. Ex Consilio Sup. Aulo. Marschall. Wienn den 29ten July 1782. Ferd. v. Fetzer.

3. Damit nicht genug. Ein weiteres Erfordernis war der politische Ehekonsens. Ihn mußten bestimmte Personengruppen niederen Standes und/oder ohne feste Anstellung und/oder ohne regelmäßiges Einkommen beibringen. Es handelte sich dabei um eines jener verwaltungsrechtlichen Steuerungsinstrumente, welche der neuzeitliche Staat (wie etwa auch und besonders das Erzstift Salzburg) einsetzte, um – bei prinzipieller Wahrung der kirchlichen Eheschließungshoheit – jene Ehen hintanzuhalten, welche aus bevölkerungs-, wehr- und/oder armenpolizeilichen Gründen unerwünscht waren. Das Institut hatte eine bewegte, wechselvolle und bis heute nur unvollständig erforschte Geschichte. Unklar war insbesondere die Folge, welche das Fehlen des Ehekonsenses für eine dennoch geschlossene Ehe hatte. Der *Codex Theresianus* (I Cap. III § 1 Z 41 und 42) drückt sich in diesem Punkt nur vage aus und bestimmt, daß *die Erfüllung des Eheversprechens bei gewissen Personen, welchen wegen einer auf sich habenden Eigenschaft oder aus Umständen, in denen sie sich zur Zeit befinden, durch Unsere besondere Verordnungen Heirathen einzugehen untersagt ist, einsweilig ausgesetzt bleiben, sodaß zwar die Verbindung nicht unkräftig* *ist und auch nicht aufhöret, dennoch aber so lang nicht in Erfüllung gehen kann, als vorbesagte Eigenschaft oder Umstände fürdauern.* Gedacht war primär an *Kriegsleuthe ..., herrenlose Leute, Landstreicher und andere unnützige, keines Nahrungsstandes fähiges Gesind.* Auch in der mit der Überarbeitung des Entwurfs befaßten Revisionskommission wurde diese Frage ausgiebig behandelt, schließlich jedoch mit einer Verweisung auf das *Politicum*, d.h. die Verwaltungsgesetzgebung, abgetan. Unter Maria Theresia dürfte der politische Ehekonsens vorübergehend aufgehoben, dann aber wieder eingeführt oder zumindest von der Praxis stillschweigend gehandhabt worden sein. 1771 setzte ein Dekret die bis dahin nicht geregelte *Ehekonsens-Taxe* auf 30 kr fest. Zur Zeit Mozarts stand der Konsens in Gebrauch – wenn auch (vielleicht) abgesunken zu einer bloßen Formalität. Bei den Aufgebotseinträgen der Monate Juli und August 1782 in St. Stephan lag er in 51 von 177 Fällen vor: 18mal war es der Bräutigam, 23mal die Braut, welche den Konsens nachwiesen; bei zehn Paaren waren beide Brautleute mit ihm „ausgestattet".

4. Auch Mozart benötigte den behördlichen Ehekonsens. Wahrscheinlich deshalb, weil er weder festes Einkommen noch sichere (An-)Stellung hatte. Möglicherweise spielte auch die Tatsache eine Rolle, daß er erst kurz vorher von Salzburg, also vom Auslande her, zugezogen war. Zuständig für die Erteilung war die *k.k. Niederösterreichische Regierung*, die für das Erzherzogtum unter der Enns (samt Wien) bestehende Verwaltungsbehörde. Wann und wie (schriftlich, mündlich) Mozart um die Ehebewilligung einkam und wann er sie erhielt, ist nicht bekannt. Sicherlich hat Thorwart seine Verbindungen spielen lassen und dem Ehewerber diesen Behördenweg abgenommen oder zumindest geebnet. Zur Trauung jedenfalls legte Mozart die entsprechende Genehmigung vor. Vermerk im *Protocollum copulatorum: cons.(en-*

sum) ab exc.(elsissimo) Regim.(ine) tulit – „Legt den Trauungskonsens der hochlöblichen Regierung vor".

Nun galt es, ehe man vor den Traualtar trat, als letzten weltlichen Punkt das Güterrecht unter Dach und Fach zu bringen. Dies geschah am Samstag dieser ereignisreichen Woche, dem 3. August.

Ehepakt

1. An jenem Tage versammelten sich (wohl in der Wohnung *Am Peter?*) das Brautpaar, Mutter Weber, Vormund Thorwart sowie Cetto von Cronstorff und Franz Gilowsky von Urazowa als zugezogene Zeugen zur Unterzeichnung eines Ehepaktes, also einer güterrechtlichen Vereinbarung. Ein *Heuraths-Contract* bildete kein Essentiale der Eheschließung, war aber in der zweiten Hälfte des 18. Jahrhunderts allgemein üblich (geworden). An gesetzlichen Grundlagen fehlte es fast zur Gänze. Der *Codex Theresianus* von 1766 hatte sich zwar um eine detaillierte Regelung dieser Materie bemüht, war aber nicht in Kraft getreten. Lediglich Einzelfragen wie die Behandlung güterrechtlicher Ansprüche im Konkurs und im Erbgang sowie die Art der pfandweisen Sicherung von *Heuraths-Sprüchen* waren durch landesfürstliche Patente – mehr oder weniger klar – normiert worden. So blieben bis zum Josephinischen Gesetzbuch (JosGB) von 1787 maßgebend das auf römisch-rechtlichen Elementen aufbauende *ius commune*, vor allem aber die fest ausgebildete Vertragspraxis. Diese hatte im Laufe der Jahrhunderte eine Anzahl vertraglicher Güterrechtssysteme entwickelt, die – jedes für sich – einen nahezu stereotypen Inhalt aufwiesen.

In der Theorie war der Abschluß von *Heiratsgedingen* nicht an eine Form gebunden. Doch galt der Praxis die Schriftform als *anständiger und nützlicher* denn mündliche Vereinbarung. In der Regel pflegten daher *Urkunden aufgesetzt zu werden,*

Heyrathsbriefe genannt. Diese waren von den Vertragsparteien und zwei Zeugen zu unterzeichnen und, gegebenenfalls, zu siegeln. Notarielle oder gerichtliche Beglaubigung oder Fertigung waren ratsam, aber nicht erforderlich. Insgesamt galt der formgültig errichtete Ehepakt als Privaturkunde im Sinne der §§ 113 f der Allgemeinen Gerichtsordnung (AGO) von 1781.

Bei minderjährigen vaterlosen Halbwaisen waren zum Abschluß des Vertrages die Zustimmungen von Vormund, Obervormundschaft sowie – falls vorhanden und anwesend – der Mutter erforderlich. Alle diese Erklärungen waren im Falle Konstanzes gegeben: Thorwart und Caecilie Weber unterschrieben den *Heuraths-Contract* und erklärten spätestens dadurch ihre Einwilligung. Der obergerhabschaftliche Konsens war durch den Bescheid des Obersthofmarschallamtes vom 29. Juli erteilt worden, der – so dürfen und müssen wir annehmen – sich nicht bloß auf die personenrechtliche Seite der geplanten Eheschließung bezog, sondern auch deren güterrechtlichen Teil umfaßte.

2. Seinem Inhalt nach lag der Ehepakt Mozart – Weber ganz im Rahmen des damals im Wiener Kleinbürgertum Üblichen: Bestellung eines Heiratsgutes von 500 fl durch die *Jungfrau Braut*; Widerlegung dieses Betrages mit 1000 fl durch den Bräutigam; beides zusammen, also 1500 fl, auf Überleben; Gütergemeinschaft hinsichtlich der in der Ehe *mit einander* erworbenen und ererbten Güter; Vorbehalt weiterer gegenseitiger Zuwendungen durch letztwillige Verfügung und/oder Schenkung.

„Harter Kern" der Vereinbarung war die Bestellung eines Heiratsgutes (Mitgift, *dos*) durch die Frau (oder die Frauenseite) und dessen Widerlegung durch den Mann. Beide Heiratsgaben waren insofern miteinander verknüpft, als die Auswerfung eines Heiratsgutes Voraussetzung für die Widerlage war. Doch

8 Der Ehe-
pakt vom 3.
August 1782

Ehepakt

Im Nahmen der allerheiligsten Dreyfaltigkeit, Gott des Vaters, Sohns und heil.
Geistes. Amen.

Anheut zu Ende gesezten Dato ist zwischen dem Wohledel gebohrnen Herrn Wolf-
gang Mozart, Kapelmeister ledigen Stands, als Bräutigam an Einen, dann Woh-
ledeln Jungfrauen Constantia Weberin, als Weyl: des Wohledeln Herrn Fridolin
Weber k:k: HofMusici seel: und dessen noch lebende EheConsortin der Wohle-
delgebohrnen Frauen Cecila Weberin ehelich erzeigten, minderjährigen Tochter,
als Braut anderntheils in Beiseyn deren hierzu erbettenen Hhrn: Beiständen
nachfolgender HeurathsContract mit obergerhabl gnädigen Consenz abgeredet,
und geschlossen worden, und zwar

Erstens ist dem Hhrn: Ehewerber auf sein geziemendes Ansuchen obgedachte
Jungfrau Constantia Weberin bis auf priesterliche Confirmation zugesagt wor-
den.

Andertens Verheurathet widerholte Jungfrau Braut Ihme Hhrn: Bräutigam, fünf
hundert Gulden, welche

Drittens derselbe mit Ein tausend Gulden zu widerlegen versprochen, also zwar,
daß Heuraths-Gut und Widerlaag zusammen 1500. f. ausmachen, und auf Ue-
berleben verstanden seyn solle. Was aber

Viertens beede Kon-Persohnen während Ehe durch den reichen Seegen Gottes
mit einander erwerben, ererben, gewinnen, und rechtmäßig an sich bringen wer-
den, soll als ein gleiches Gut seyn, und heissen; auch beede Theil bei Ueberkom-
mung einiger Grundstücken zugleich an Nutz, und Gewöhr geschrieben werden

Fünftens. stehet jedem Theil bevor Eines das andere durch TestamentCodicill,
oder Geschänkniß des mehrere zu betreuen. Dahero

Schlüßlichen dieses HeurathsContract zwey gleichlautende Exemplaria aufge-
richtet, von Ihnen Contrahenten, Frauen Mutter, Hhrn: Gerhaben und Bei-
stand/: doch diesen leztern ohne Nachtheil, und Schaden:/ eigenhändig unter-
schrieben und gefertiget, und jedem eines eingehändiget worden. Actum.
Wien den 3ten Augusti 1782.

Maria Constanza Weber	*Wolfgang Amadè Mozart*
als braut	*als Bräutigam.*
Maria Cäcilia Weber	*Franz Gilowsky de Urazowa*
als brauthMutter	*Magister Chirurgiae Et Anatomiae*
Johann Carl Cetto v Kronstorff	*Johann Thorwart*
k:k: N:Ö: Landrath als	*k:k:theatral. HofDirect:*
hiezu erbettener zeug.	*Revisor als Gerhab.*

war der Mann nicht verpflichtet, die Dos zu *widerlegen*. In der Praxis freilich zählte die *Contrados* zum normalen Inhalt vor allem städtischer Heiratsabreden. Wurde sie bestellt, betrug sie in der Regel das Doppelte (2:1) oder das Eineinhalbfache (3:2) des dem Manne von der Frau *verheuratheten* (= zugebrachten) *Guts*. In absoluten Zahlen belief sich die Dos im Herrenstande meist auf 2000 fl, im Ritterstande auf 1000 fl und in (klein-) bürgerlichen Kreisen Wiens auf 500 fl; die Widerlage bestand im jeweils entsprechenden Vielfachen. Beide Ehegaben waren stets auf *Überleben* verstanden, sodaß der seine Partnerin überlebende Ehemann Heiratsgut und Widerlage behielt, die Witwe ihrerseits beides aus dem Nachlaß ihres Mannes erhielt beziehungsweise zu fordern hatte. Von der Bestellung im Sinne eines *Versprechens* des Heiratsgutes war dessen tatsächliche *Zubringung* zu unterscheiden. Nur wenn diese erfolgt war, konnten die ehegüterrechtlichen Ansprüche *(Heuraths-Sprüche)* der Witwe in der Verlassenschaftsabhandlung nach ihrem Manne Anerkennung finden.

Zur Bestellung von Heiratsgut und Widerlage trat in der Regel – wie auch im vorliegenden Vertrag – eine Errungenschaftsklausel, die sich auf alles bezog, was die Gatten während der Ehe *mit einander erwerben, ererben, gewinnen und rechtmäßig an sich bringen werden*. Dieser *Adquestus* war Standardbestandteil von Ehepakten in den unteren städtischen Bevölkerungsschichten und als solcher der fast ausschließlich vereinbarte Güterstand. Seine Rechtsnatur blieb nichtsdestoweniger ungeklärt. Möglicherweise erfaßte er – trotz allgemein gehaltener Formulierung – nur Liegenschaften und die mit ihnen verbundene Fahrnis; und dies nur dann, wenn beide Ehegatten an *Nutz und Gewähr* geschrieben, d.h. als Miteigentümer ins Grundbuch eingetragen waren. Bei alledem, darüber bestand Einigkeit, entfaltete der Adquest Wirkungen erst in der Verlassenschaftsabhandlung nach dem jeweils vorverstorbenen Ehegatten. Schließlich zählte der Vorbehalt weiterer Zuwendungen zwischen den Ehegatten durch Testament, Kodizill oder Schenkung zum üblichen Inhalt von Heiratsbriefen, besonders in der Stadt.

Mit diesem Ehepakt erfüllten Wolfgang Mozart und Konstanze Weber ein ehegüterrechtliches Minimalprogramm, wie es ihrem Stande und ihren damaligen Vermögensverhältnissen entsprach. Eine wesentlich „opulentere" Vereinbarung hatte gut 30 Jahre vorher, am 3. September 1750, Christoph Willibald Gluck mit Anna Maria Bergin getroffen. Zwar betrugen Heiratsgut und Widerlage damals auch „nur" 500 fl bzw. 1000 fl. Doch hatte die Braut darüber hinaus 50 *Speziesdukaten* als Morgengabe erhalten und ihrerseits Vermögen im Werte von 4000 fl und eine reiche Ausstattung in die Ehe mitgebracht. Von solchen Summen konnten *Kapellmeister* Mozart und Braut im Sommer 1782 nur träumen.

3. In formeller Hinsicht folgten Siegel und Unterschriften aller Beteiligten, wobei die beiden Zeugen sich durch die allgemein übliche, praktisch-juristisch jedoch bedeutungslose Floskel *ohne Nachtheil und Schaden* gegen etwaige Schadenersatzansprüche absicherten. Die Siegel befanden sich vor den Signaturen. Von ihnen wies nur jenes Mozarts kein Bild auf. Der auf einem teilweise vorgedruckten Formular errichtete Vertrag wurde in zwei gleichlautenden Exemplaren ausgefertigt. Eines davon ist erhalten, und zwar in der British Library/London, Nachlaß Stefan Zweig (MS 69).

Von den am Vertragsschluß beteiligten und auf dem Formular des *Heuraths-Contractes* unterschriftlich verewigten Personen sind die beiden Protagonisten sowie die Mutter der Braut allseits und bestens bekannt. Interesse verdienen aber auch Vormund Thorwart und die beiden Zeugen, Carl Cetto von Cronstorff und Franz Gilowsky von Urazowa.

Vormund

1. Johann Franz Joseph (von) Thorwart (1737–1813) wurde als Sohn eines bürgerlichen (Bier-)Schankwirts in Wien geboren. Im Laufe einer langen und erstaunlichen Karriere stieg er vom Kammerdiener beim Fürsten Lamberg zum *k.k. Oberstkämmerer-Amts-Secretaire* auf. Seine erste Anstellung bei Hof erfolgte 1760/61, wahrscheinlich in untergeordneter Funktion am Schauspielhaus. 1762 bewarb er sich um die Stelle eines Totenbeschauers der Stadt Wien, wurde aber abgewiesen. So blieb er der Theaterluft treu, wenn auch ohne Ambition und Einfluß in künstlerischen Belangen. In den achtziger Jahren war er als rechte Hand des Hoftheaterdirektors und Oberstkämmerers, des Fürsten Franz von Orsini-Rosenberg, ein wichtiger und einflußreicher Mann am k.k. Nationaltheater, wo ihm verschiedene Sekretärs-, Finanz- und Kontrollaufgaben oblagen. In amtlichen Schriftstücken wird er als *Hofmusik- und Theatraldirektions-Revisor* oder als *Sekretär, Revisor und Ökonomist* bezeichnet. Mozart nennt ihn in einem Brief an den Vater vom 16. Januar 1782 *inspector über die theater-quarderobbe, über den alles gehen muß, was nur auf das theater einfluß hat.* „Sicherheitshalber" verlieh er Thorwart taxfrei das Adelsprädikat, das dieser erst 1793 erhielt und, Ehre wem Ehre gebührt, vorher nicht führte, zumindest nicht in amtlichen Schriftstücken. 1784–87 bekleidete der wendige Multifunktionär eine weitere wichtige Stelle, nämlich jene eines *Küchenkassiers im k.k. Hofkontrolloramt.* Von diesem Posten aus schaffte er den Sprung zum *Sekretär des k.k. Oberstkämmerer-Amtes,* ohne allerdings zunächst die entsprechende Besoldung zu erhalten. Nach dem Tode Josephs II. führten diverse Machtkämpfe und (Theater-) Intrigen, besonders mit Da Ponte, zum Sturz des mächtigen Rosenberg-Günstlings. Der – wohl nicht ganz aus der Luft gegriffene – Verdacht finanzieller Malversationen mag dabei eine nicht unwesentliche Rolle gespielt haben. Jedenfalls entschied Leopold II. Ende Juli 1791 von Triest aus: *Thorwart von allem Einfluß in Theatergeschäften zu beseitigen.* Doch die allerhöchste Ungnade war nicht von Dauer. Unter Franz II. erfolgte die Rehabilitierung durch Wiederbetrauung mit der *Theatralrevision* und durch Erhebung in den Adelsstand. Nach dem endgültigen Abschied vom Theater 1793 wirkte *Edler von Thorwart* weiterhin – nunmehr besoldet – bis 1806 als Sekretär im Oberstkämmereramt, daneben von 1799 bis zu seinem Tode im Jahre 1813 ehrenamtlich als Adjunkt bei der k.k. Schatzkammer. 1790 hatte er in amtlicher Funktion der Krönung Leopolds II. in Frankfurt am Main beigewohnt. Bekanntlich war auch Mozart mit seinem Freund Franz Hofer, einem Schwager seiner Frau, aus diesem Anlaß an den Main gereist – in der Hoffnung, den einen oder anderen Auftrag zu ergattern. Ohne Erfolg, wie man weiß.

2. Im privaten Bereich brachte es Thorwart zu einem gewissen Wohlstand (einschließlich Hausbesitz), dessen Quellen in des Wortes doppelter Bedeutung nicht ganz klar sind. Sein Nachlaß allerdings war bescheiden – was möglicherweise mit „erbsteuerschonenden" Verfügungen zu Lebzeiten (Schenkungen an die Tochter) zu erklären ist. Er wurde im Jahre 1813 mit 1878 fl bewertet und der Witwe Franziska, geborener Schnock, *iure crediti* eingeantwortet. Diese hatte gemäß Ehepakt vom 19. August 1760 an Heiratsgut und Widerlage insgesamt 3000 fl (1000 fl : 2000 fl) zu fordern. Der Eheschließung mit der offenbar nicht vermögenslosen 22jährigen Halbwaise nach einem Wiener *bürgerlichen Chirurgen* am 9. September 1760 scheinen erhebliche Turbulenzen vorausgegangen zu sein. Das Protokoll des Erzbischöflichen Konsistoriums, bei dem der ebenfalls noch minderjährige Bräutigam am 5. September um Dispens vom Aufgebot ansuchte, gibt sich geheimnisvoll: *Thorwart*

Johann, herrschaftlicher HausOfficir, bringt im eigenen Namen sowie im Namen seiner Braut an, er hätte zwar *den obrigkeitlichen Consens erhalten, allein durch die öffentliche Verkündigung komet ehr um seinen Dienst und Brod.* Der Berichterstatter, Cur- und Chormeister Carl Joseph Lex, bestätigte, daß *die angebrachten Motivn wahr seyen.* Worum es in concreto ging, ist nicht eruierbar, da die *Ehedispensationsacten,* auf welche das Protokoll Bezug nimmt, nicht erhalten sind. Wahrscheinlich spielte die Tatsache eine Rolle, daß die *hochgeehrte und tugendreiche Jungfrau Franzisca Schnockin* Anfang September längst in gesegneten Umständen war. Schon zwei Monate nach der Hochzeit, am 7. Dezember, brachte sie einen Knaben zur Welt.

3. Während die Ehe trotz ihres skandalumwitterten Beginns über ein halbes Jahrhundert hin stabil, vielleicht sogar glücklich blieb, hatte Thorwart mit seinen Kindern wenig Glück. Alle vier, zwei Söhne (geboren 1760 und 1769) und zwei Töchter (geboren 1762 und 1764), starben vor dem Vater. Vom Erstgeborenen, Johann Nepomuk, ist nichts bekannt. Der zweite Sohn, Joseph, wurde 1788 Kanzlist am Niederösterreichischen Merkantil- und Wechselgericht und trat zwei Jahre später in eine ähnliche Stelle beim Niederösterreichischen Appellationsgericht über. Obgleich er im väterlichen Haushalt unentgeltlich Kost und Logis genoß und ihm *sein mehrere hundert Gulden betragendes Amtsgehalt zur Anschaffung von Kleidern* und zur Deckung anderer persönlicher Ausgaben blieb, gelang es dem jungen Mann binnen kurzem, aus *Muthwillen und Verschwendung* etwa 9000 fl an Schulden anzuhäufen. Schweren Herzens sah sich Vater Thorwart 1793 genötigt, seinen leichtsinnigen Sohn zum Verschwender erklären und sich selbst zum Kurator bestellen zu lassen. Er übte dieses Amt allerdings nur drei Jahre aus: 1796 verschied Joseph Edler von Thorwart jun. vermögenslos bei der Armee, in die man ihn gesteckt hatte. Seine

Schwester Maria Susanna starb wenige Jahre später, 39jährig, an Entkräftung im Bürgerspital. Sie hatte nicht geheiratet und war von ihren Eltern erhalten worden. Die andere Schwester, Franziska, hatte 1799 einen Major Joseph von Serdagna geehelicht und 1811 das Zeitliche gesegnet. Als Thorwart 1813 die Augen schloß, ließ er seine Witwe vereinsamt zurück. Sie bezog eine Pension von 400 fl jährlich und entschlief am 11. April 1820 sanft im hohen Alter von 82 Jahren.

4. Dies also der berufliche und familiäre Background jenes Mannes, den im Herbst 1779 das Obersthofmarschallische Gericht zum Vormund der vier minderjährigen Weber-Töchter bestellte. Seine Rechte und Pflichten in dieser Funktion waren im wesentlichen durch eine Gerhabschaftsordnung von 1669, durch eine Landmarschallische Gerhabschaftsordnung von 1727 und durch die *Majorennitäts-Jahrebestimmung* von 1753 geregelt. Hinzu kamen eine Vielzahl von Einzelbestimmungen, welche insbesondere Fragen der Auswahl, der Bestellung, der Rechnungslegung und der Entlastung des Vormunds betrafen. Insgesamt erschien die Vormundschaft als umfassende Schutzgewalt über Person und Vermögen des Mündels. Zur Personensorge gehörten die Erziehung des Pupillen, besonders die Wahl seiner Religion, seines Aufenthaltsortes und seines Berufes sowie die Zustimmung zur geplanten Eheschließung. War die Mutter am Leben, so kamen dieser Recht und Pflicht zur Erziehung zu, während sich die Aufgaben des Vormunds auf eine Art Oberaufsicht und laufende Kontrolle beschränkten. Im vermögensrechtlichen Bereich bestand die Vormundschaft in einer Vertretung des Minderjährigen bei Rechtsgeschäften – sei es, daß der *Gerhab* selbst im Namen des Mündels handelte; sei es, daß er Geschäfte des Pupillen genehmigte oder mißbilligte. In jedem Falle kam es auf die Willensbildung des Vormunds an.

Allerdings nicht nur auf diese. Im Laufe des 17., vollends aber im Zuge des 18. Jahrhunderts war der Vormund seiner selbständigen Befugnisse weitgehend entkleidet worden und zu einem „Diener und Vollstrecker" der obrigkeitlichen Vormundschaft abgesunken. Diese lag bei den Grundobrigkeiten, den Märkten und Städten (besonders Wien), im Falle Weber beim Obersthofmarschallamt. Immer und überall war es die obervormundschaftliche Behörde, welche die endgültige Entscheidung traf und den „aktuellen" *Gerhaben* eng an die staatliche Kandare legte. Die Vormundschaft war zu einem Instrument der obrigkeitlichen Fürsorge im Sinne der *guten Polizey* geworden.

5. Im Lichte dieser Rechtsgestaltung scheint Thorwart seinen Rechten und Pflichten als Vormund im großen und ganzen gerecht geworden zu sein. Ersten Anlaß zum Einschreiten bot die Eheschließung Aloysia Webers mit dem – seit März 1779 – verwitweten Hofschauspieler Joseph Lange (1751–1831) im Jahre 1780. Der als Darsteller wie als Maler überdurchschnittliche *Komödiant* (im besten Wortsinne) hatte die zweitälteste der Weber-Schwestern im Hause des Vize-Direktors des Hoftheaters, des Freiherrn von Kienmayr, kennen und schätzen gelernt und bald darauf bei Mutter Weber um die Hand der jungen Künstlerin angehalten. Bei dieser Gelegenheit hatte er sich bereit erklärt, Frau Caecilie einen jährlichen Betrag von 600 fl *zu ihrer und ihrer Kinder Unterhaltung* zu leisten, solange er und seine (künftige) Frau *Brod hätten*. Großmut, übermächtige Liebe zur schönen und *koketten Singerin bey dem k.k. Nationaltheater* oder schlechtes Gewissen gegenüber der Mutter, der er die Alleinverdienerin entzog? Wahrscheinlich eine Kombination von alledem. Jedenfalls zeigten sich Frau Weber und Vormund Thorwart mit diesem – zweifellos großzügigen – Angebot zunächst *vollkommen zufrieden*. Bald aber dürfte die Mut-

HERR UND MADAME LANGE
Mitglieder des k. k. National
Hoftheaters in Wien.

9 Joseph und Aloysia Lange

ter Aloysias ein Haar in der Suppe gefunden haben. Jedenfalls versuchte sie, aus welchen Gründen immer, die Verbindung ihres *Glücksterns* mit dem 29jährigen Lange zu hintertreiben. Die daraus resultierenden Irritationen veranlaßten diesen am 2. September 1780, das Obersthofmarschallamt um die Anberaumung einer Tagsatzung zu bitten, auf der die anstehenden Probleme besprochen werden sollten. Dies wurde bewilligt. Prompt trafen eine Woche später alle Beteiligten zu einer Aussprache zusammen. Das Ergebnis: Lange verpflichtet sich, der Witwe Weber eine Jahresrente von 700 fl zu bezahlen und überdies einen Vorschuß in Höhe von 900 fl, den Aloysia von der Hoftheatralkasse nach dem Tode ihres Vaters erhalten hatte, möglichst bald zurückzuerstatten. Auf der Grundlage dieses Vergleichs erteilte, wieder sieben Tage später, der Herr *Obrist-Hof-Marschall-Amts-Verweser* den obergerhabschaftlichen Trauungskonsens. Die Hochzeit Joseph Lange – Aloysia Weber fand am 31. Oktober 1780 in St. Stephan statt. Als Trauzeugen fungierten der k.k. Kammerdiener Anton Ansion und Johann Baptist Brati, *iuris Doctor*. Erst am Tage davor hatte das Brautpaar – mit Erfolg – um Dispens vom Aufgebot angesucht, *um wegen größter Bekanntschaft in der Stille getraut zu werden*. Das erste Kind der beiden, eine Tochter namens Nanette, kam am 31. Mai des Folgejahres zur Welt. Daß die Ehe nicht glücklich wurde, war nicht des *Gerhaben* Schuld.

6. Thorwart hatte also Erfahrung mit Frau Weber, ihren Töchtern und deren künftigen Ehemännern, als er in der Liebes- und Ehesache Mozart – Konstanze aktiv wurde. Auch sonst wird man ihm Lebensklugheit nicht absprechen dürfen. Im Sommer 1782 war er 45 Jahre alt, seit 21 Jahren verheiratet und Vater von vier minderjährigen Kindern. Vor allem wußte er, wie es auf dem Theater zuging, im Guten wie im Schlechten. Freilich war sein Charakter nicht frei von moralischen De-

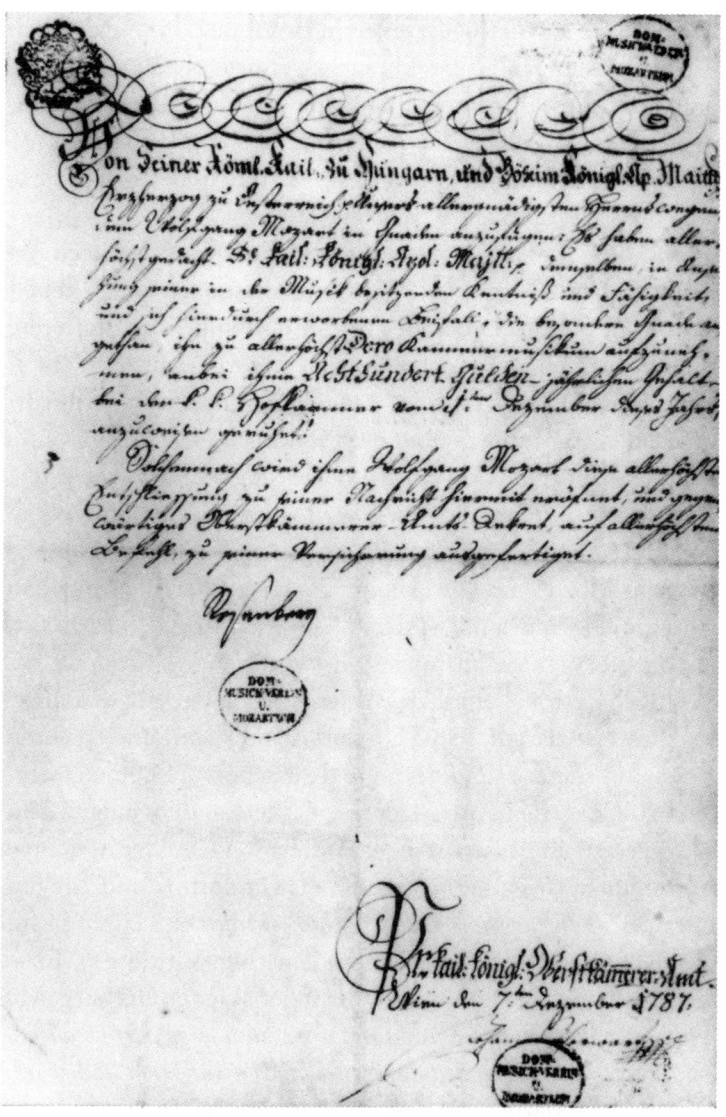

10 Mozarts Ernennung zum Kammermusikus
(vgl. S. 53)

fiziten. Eine servile Biegsamkeit in Kombination mit ziemlich ungebremster Hab- und Ehrsucht gehörte ebenso dazu wie eine Art „Radfahrermentalität", die ihn nach oben buckeln, nach unten treten ließ. Doch stellte diese Persönlichkeitsstruktur kein Thorwartsches Spezifikum dar; sie findet sich bei vielen Aufsteigern im Dunstkreis des Hofes.

Ob dies alles ausreicht, um Konstanzes *Gerhaben* nach Art vieler Mozart-Biographen geradezu zum bösen Geist (neben Witwe Weber) im Leben des Komponisten hochzustilisieren, muß bezweifelt werden. Schließlich gehörte es (zwar nicht *de jure*, wohl aber *de facto*) zum Aufgabenkreis eines verantwortungsvollen Vormunds über ein Mädchen, auf den Ruf seines Mündels zu achten und es, so gut wie möglich, zu verheiraten. Dazu bot sich nun einmal, wie die Dinge im Jahre 1781/82 lagen, der aufstrebende und unsterblich verliebte musikalische Jungstar Mozart an. Und Hand aufs Herz: War, alles in allem genommen, Konstanze wirklich jene Katastrophe für Mozart, als die sie von vielen hingestellt wird? Hier sind doch beträchtliche Zweifel am Platz! Abgesehen davon gibt es keinerlei Hinweise darauf, daß Thorwart dem Freund und späteren Ehemann seiner *Pupillin* Knüppel zwischen die Beine geworfen hätte. Es scheint im Gegenteil, als hätte er dem jungen Musikus gerade in dessen Wiener Anfängen viele Wege geebnet und manche wichtige Tür geöffnet. Durch ihn sind Mozart etwa *die 50 dugaten vom Kayser geschickt worden*, das Honorar für den Klavierwettstreit mit dem italienischen Virtuosen Muzio Clementi am 24. Dezember 1781 in der Wiener Hofburg. Mit Thorwart hat Mozart Mitte Januar 82 *auch wegen der accademie im theater gesprochen, weil das meiste auf ihn ankömmt und er sehr viel beym graf rosenberg und baron kienmayr gilt*. Tatsächlich fand die Veranstaltung am 3. März (im Burgtheater?) statt. Wäre dies alles ohne oder gar gegen den Willen des Theater-Gewaltigen möglich gewesen?

Über die weiteren Beziehungen zwischen Thorwart und den Familien Mozart und/oder Weber ist wenig bekannt. Immerhin: Am 7. Dezember 1787 unterzeichnete er in seiner Eigenschaft als – frischgebackener – Oberstkämmereramts-Sekretär neben Fürst Rosenberg jenes Dekret, in welchem Mozart die *allerhöchste Entschließung* über seine Aufnahme in das *Kammermusikum* bei einem jährlichen Gehalt von 800 fl ab 1. Dezember lfd. J. mitgeteilt wurde. Und auch bei der Hochzeit von Konstanzes ältester Schwester, Josepha, im Jahre 1788 war Thorwart einer der Trauzeugen, wenn auch nicht jener der Braut. Kontakte mit Mozart könnten sich überdies im Rahmen der Logenarbeit ergeben haben: Wie dieser war Thorwart Freimaurer, und zwar ab 1785.

Zeugen

1. Aus dem gleichen geschmeidig-biegsamen Holz wie Thorwart war Konstanzes Trauzeuge, Carl Cetto von Cronstorff, geschnitzt. Er wurde am 21. März 1729 in Wien geboren und besuchte 1743–45 das Stiftsgymnasium Kremsmünster. Irgendwann fand er Aufnahme in den Ritterstand des Landes ob der Enns. Zwischen 1752 und 57 besaß er möglicherweise den Freihof in Inzersdorf. 1758 verfiel er in Konkurs, wurde zum Verschwender erklärt und mit dem Verbot, *daß ihm Geld oder Geldeswert geborgt werde*, belegt. Nichtsdestoweniger wird er im Jahr darauf Rat bei der Niederösterreichischen Regierung, der ab 1760 Verwaltung und Justizpflege oblagen. Dem für die Jurisdiktion errichteten Gerichtssenat gehörte Cetto an. In dieser Eigenschaft spielte er eine mehr als undurchsichtige Rolle in den zahllosen Prozessen, die Freiherr Friedrich von der Trenck um das niederösterreichische Erbe seines berühmten Vetters, des Pandurenobersten Franz von der Trenck, führte. Friedrichs

Lebenserinnerungen, die 1786 erschienen, zeichnen ein düsteres Bild von der Justizpflege jener Zeit. Zwar wird man die Worte des unsteten Abenteurers und spitzzüngigen Publizisten nicht auf die Goldwaage legen dürfen. Wenn aber nur ein Bruchteil von dem stimmt, was der Baron über Cetto und Konsorten schreibt, so muß es sich bei dem *Landrath* um eine ausgewachsene Sumpfblüte der an zwielichtigen Kreaturen nicht gerade armen Beamtenschaft des theresianisch-josephinischen Wien gehandelt haben. Tatsächlich wurde Cetto 1786 wegen schwerer Verfehlungen – Fälschung einer Obligation o.ä. – zu Zuchthausstrafe nebst Gassenkehren verurteilt. Er dürfte schließlich im Gefängnis gestorben sein. Ob er im Sommer 1782 noch in Amt und Würden war oder schon vorher (1778?) aus dem Justizdienste ausgeschieden ist, konnte nicht geklärt werden. Jedenfalls verfügte er weiterhin über großen Einfluß und weitreichende Verbindungen. In welcher Beziehung er zur Familie Weber stand, wissen wir nicht. Wahrscheinlich dürfte Thorwart ihn kurzerhand zum Zeugen „angeheuert" und mitgebracht haben.

2. Wie Mozart selbst, so scheint auch „sein" Zeuge, Franz Xaver Wenzel Gilowsky de Urazowa (1757–1816), kein Kind von Traurigkeit gewesen zu sein. Er entstammte einer bekannten und prominenten Salzburger Familie, deren „Ahnherr", Franz Wenzel, wahrscheinlich im Gefolge des Fürsterzbischofs Grafen Thun von Böhmen an die Salzach gekommen war. Hier begründete er einen weitverzweigten Clan, dessen Angehörige mit den Mozarts engen freundschaftlich-geselligen Kontakt pflegten. Vater des Franz Xaver war der als *Barbier von Salzburg* bekannt gewordene Johann Wenzel Andreas (1716–99), der nachmals zum *hochfürstlich-salzburgischen Antecamera-Kammerdiener und Hofchirurgen* aufstieg. Sein einziger Sohn (neben drei Töchtern) entschied sich nach dem Benediktinergymnasium in

Salzburg für die väterliche Laufbahn und war zunächst Adjunkt des Vaters, dann, als Nachfolger seines Schwiegervaters, freiberuflich tätiger *Bader* in Salzburg. In Wien dürfte er sich des öfteren aufgehalten haben, teils zur weiteren Ausbildung, teils wohl auch zum Amusement fern von den gesellschaftlichen Beschränkungen und Zwängen seiner Heimatstadt. Bei einem dieser Besuche „diente" der 24jährige seinem Freunde Wolfgang als Vertrags- und Trauzeuge. Danach war er jedenfalls noch einmal (oder noch immer) in Wien, und zwar Anfang 1783 als Gast auf einem Hausball, den das Ehepaar Mozart in der mittlerweile zweiten gemeinsamen Wohnung gab, im *Kleinen Herbersteinschen Hause auf der hohen Brücke*, Stadt Nr. 412 (heute: I., Wipplingerstraße 14). An der ausgelassenen Fete, die bis in die Morgenstunden dauerte und zu deren Kosten jeder *Chapeau* 2 fl beisteuerte, nahmen u.a. die Vermieter, der *reiche Jud* Baron Wetzlar und Frau; die Ehepaare Stephanie, Adamberger und Lange; dann als Singles Baronin Waldstätten, Herr von Edelbach und *gilowsky, der Windmacher*, teil.

3. Dieser war nicht der einzige Gilowsky, der in den achtziger Jahren für längere oder kürzere Zeit Aufenthalt in Wien nahm. Ein Vornamens-Vetter und auch vom Blut her Cousin des *Windmachers* stürzte sich um 1784 in geschäftliche Abenteuer und scheint in Mozarts Verlassenschaftsabhandlung als zahlungsunfähiger Schuldner auf. Sein am 8. Februar 1758 geborener Bruder Leopold Benedikt ist 1783 als bürgerlicher Apotheker auf der Landstraße nachzuweisen, also in einer Gegend, in welcher die Mozarts vier Jahre später Logis im Gartentrakt des dem *k.k. Regierungsmarkts-Commissarius* Joseph Urban Weber und dessen Frau, Sophie Josepha, gehörenden Hauses Landstraße Nr. 224 bezogen. Ob und gegebenenfalls bei welchen Gelegenheiten Kontakte zwischen Leopold Gilowsky und Wolfgang Mozart bestanden, ist ungeklärt.

4. Gleiches gilt für ein anderes Mitglied der Gilowsky-Sippe, das wenige Jahre nach Mozarts Tod traurige Berühmtheit erlangte. Es handelte sich um Friedrich Cajetan, einen weiteren Vetter des Trauzeugen und einen Halbbruder des Apothekers. Er war nach Schule und Jusstudium in Salzburg im Jahre 1777 nach Wien gekommen, wo er eine rasche Beamtenkarriere in der Militärverwaltung durchlief. Nach Zwischenstationen in Mailand und Graz (1783–86) war er zuletzt Kriegsgerichtsaktuar bei der k.k. Hofkriegskanzlei (Militär-Zivilkommission des Generalkommandos). F.C. Gilowsky war ein profunder Kenner der westeuropäischen Aufklärung und entwickelte sich bald zu einem typischen Vertreter der radikal-utopischen Josephiner, die grundlegende Reformen im Sinne politischer und sozialer Gleichheit forderten. Seit Beginn der neunziger Jahre gehörte er dem Wiener Jakobinerkreis um Andreas Riedel und Franz Hebenstreit an, in dem er, zumal als Übersetzer französischer Schriften und durch Rekrutierung Gleichgesinnter, eine zentrale Rolle spielte. Seine revolutionären Aktivitäten fanden ein jähes Ende, als unmittelbar nach dem Sturz Robespierres in Paris der Wiener Jakobinerkreis von der Polizei ausgehoben wurde. Gilowsky, dem als einzigem Militärangehörigen der Verhafteten die Todesstrafe drohte, entzog sich der unvermeidlichen Hinrichtung in der Nacht vom 7. auf den 8. September 1794 durch Selbstmord. Er erhängte sich mit einem Schnupftuch am Fenstergitter seiner Zelle im Polizeigefängnis.

Im Sommer 1782 lag dies alles in weiter Ferne. Weder das Brautpaar noch seine Beistände, weder Mutter Weber noch Vormund Thorwart konnten von diesen Gewitterwolken etwas ahnen, als sie sich am Sonntag, dem 4. August, wieder zusammenfanden, zur Trauung in St. Stephan.

Trauung

1. Das Recht der Eheschließung von Christen lag nach dem Staatskirchenrecht jener Zeit fast zur Gänze in den Händen der katholischen Kirche. Es war zuletzt, wenn auch nur in Grundzügen, auf dem Konzil von Trient *(Tridentinum)* in dem berühmten Reformdekret *Tametsi* von 1563 geregelt worden. Seither konnte eine Ehe nicht mehr formfrei, sondern nur noch vor dem zuständigen Pfarrer in Gegenwart von (mindestens) zwei tauglichen Zeugen geschlossen werden. Zuständig war der *parochus proprius*, also jener Pfarrer, in dessen Sprengel die Ehewerber oder einer von ihnen den Wohnsitz hatten. Dieser wurde an jenem Ort begründet, an dem man sich in der Absicht niederließ, dauernd (Domizil) oder längere Zeit, etwa den größeren Teil des Jahres, zu bleiben (Quasi-Domizil). Gehörten die Brautleute verschiedenen Pfarren an, durfte die Trauung in der einen wie in der anderen stattfinden. In der Praxis war es jedoch, *aus Gründen der Ehrbarkeit*, meist der *parochus proprius* der Frau, der das Paar zusammengab: *Ubi sponsa, ibi sponsalia* – „Wo die Braut, dort die Trauung". Wollten die Nupturienten nicht vor einem der „eigenen", sondern vor einem anderen Pfarrer heiraten, mußte dieser vom *parochus proprius* zur *Copulation* ermächtigt werden. Sondervorschriften galten für Personen ohne Wohnsitz (*vagi, vagabundi*). Ihnen konnte Befreiung von diesem Erfordernis gewährt werden: *dispensatio in defectu domicilii*.

Zur Entdeckung etwaiger Ehehindernisse sollten der Trauung eine Befragung der Brautleute und ein öffentliches Aufgebot *(proclamatio)* vorausgehen. Dieses bestand in der Verkünd(ig)ung *(denuntiatio)* der geplanten Ehe an drei aufeinander folgenden Sonn- oder Feiertagen im Rahmen der Messe von der Kanzel aus. Dispens war möglich. Zuständig dafür war der Bischof, der sich bei seiner Entscheidung von *Klugheit und Gut-*

befinden leiten lassen sollte. In der Praxis kamen als Befreiungsgründe in Betracht: (Todes-)Krankheit oder unmittelbar bevorstehende Abreise eines der Ehewerber; (fortgeschrittene) Schwangerschaft der Braut; hohes Alter oder große Standes- oder Altersunterschiede zwischen den Brautleuten; die Befürchtung, daß die Eheschließung von Dritten böswillig hintertrieben werde; langes Zusammenleben der Brautleute, sodaß sie allgemein schon als verheiratet galten. Je nach Lage der Dinge konnten dem Paar eine Verkündigung oder zwei oder alle drei *denuntiationes* erlassen werden. In diesem Falle hatten die Nupturienten einen Eid zu leisten, daß sie nicht durch Verlöbnis oder Ehe an eine andere Person gebunden seien (*iuramentum libertatis* – „Freiheitseid"). Schließlich sollten sie sich, möglichst drei Tage vor der Trauung, durch Beichte und Kommunion auf das Ehesakrament vorbereiten.

Die Konzilsväter hatten den Pfarrern aufgetragen, ein besonderes Buch zu führen *und fleißig bei sich zu bewahren,* in welches die Namen der Brautleute und ihrer Beistände sowie Tag und Ort der Trauung einzutragen waren. Zu diesen Minimalerfordernissen konnten weitere Angaben treten: Aufenthalt(e) der Brautleute; vorliegende oder nachzubringende Attestate, Dispense, Konsense; Delegation an eine andere Pfarre; Durchführung oder Nichtdurchführung der drei Verkündigungen; Ablegung des „Freiheitseides". Rolle und Funktion des trauenden Pfarrers hatte das Konzil nur unscharf definiert. Im Prinzip galt er als Zeuge, wenn auch als besonders qualifizierter Zeuge, dessen Anwesenheit Voraussetzung war für die Gültigkeit der Ehe. Diese passive Assistenz hatte sich bald zur aktiven gesteigert, indem das Trauungsorgan die Brautleute über ihren Konsens befragte und sie bejahendenfalls *im Namen des Vaters und des Sohnes und des Heiligen Geistes* zusammengab. Davon abgesehen sollten lokale Hochzeitsriten und -bräuche beachtet und bewahrt werden.

Dies in kurzer und oberflächlicher Skizze die vom *Tridenti-num* vorgezeichneten und in weiterer Folge von der Praxis fort-gebildeten Grundsätze des neuzeitlichen Eheschließungs-rechts. Sie hatten sich zunächst nur zögernd, dann aber doch ziemlich allgemein durchgesetzt und galten im 18. Jahrhun-dert, mit regionalen Abweichungen, auch in den Diözesen der habsburgischen Länder.

2. Für das Erzbistum Wien hatte zunächst 1745 Kardinal Sigis-mund von Kollonitz diese Materie normiert. Knappe zwanzig Jahre später erließ Kardinal Erzbischof Christophorus Migazzi ein *Rituale Viennense,* in welchem er die Vorschriften seines Amtsvorgängers zum Teil wiederholte, zum Teil ergänzte, je-denfalls *zum Gebrauch aller Geistlichen* zusammenfaßte und pu-blizierte. Es beruhte im wesentlichen auf den Regeln des *Triden-tinum,* enthielt jedoch darüber hinaus weit ins Detail reichende Vorschriften über das bei Pfarrwechsel oder Zuzug (eines) der Ehewerber aus einer anderen Diözese zu beachtende Verfahren. Demnach mußten Heiratswillige, die nicht eine bestimmte Auf-enthaltsdauer in der für das Aufgebot zuständigen Pfarre nach-weisen konnten, entsprechende Ehefähigkeitszeugnisse und/ oder „Freiheitsbescheinigungen" ihrer jeweiligen Ursprungs-pfarre oder Herkunftsdiözese beibringen. Die Fristen waren, je nach Entfernung, verschieden. Bei – von Wien aus – nahe lie-genden Bistümern wie Wiener Neustadt, Passau, Salzburg genügte eine Mindestaufenthaltsdauer *über den größeren Teil des Jahres* – den Migazzi mit neun Monaten präzisierte. Bei weiter entfernten *Provinzen* wie Böhmen, Mähren, Schlesien, Bayern, Tirol betrug sie ein volles Jahr; *bei weit abgelegenen Orten und Ge-genden* etwa aus dem Reich, Belgien, Frankreich, Spanien, Polen zwei Jahre. Sonderregeln galten für die Durchführung des Auf-gebots bei Pfarrwechsel innerhalb der Stadt Wien (6 Wochen) und zwischen dieser und den Vorstädten (3 Monate).

3. Dieses Erfordernis des Mindestaufenthalts, von dem Dispens wegen abgängiger Zeit *(in defectu temporis)* erteilt werden konnte, erklärt die ausführlichen, wenn auch nicht immer zuverlässigen Wohnsitz- und Herkunftsangaben in den (Wiener) Trauungsbüchern. Dies zeigt sich deutlich am Eintrag Aloysia Webers. Konstanzes Schwester war mit ihrer Familie im September 1778 von Mannheim nach München und im September 1779 von dort nach Wien übersiedelt. Als sie ein Jahr danach Joseph Lange heiraten wollte und das Paar sich gegen Ende Oktober 1780 bei St. Stephan in das Trauungsbuch eintragen ließ, gab es Schwierigkeiten beim Nachweis des Wohnsitzes und/oder Zweifel hinsichtlich der Aufenthaltsdauer (mindestens zwei Jahre bei Zuzug aus dem *Reich*). Sicherheitshalber, so scheint es, beantragte die Braut eine entsprechende Ausnahmegenehmigung, die am 30. Oktober gewährt wurde: Über den vom Chormeister erstatteten Bericht will das *Consistorium mit der Braut in der allenfalls noch abgängigen Zeit ... dispensiert haben.* Diese Befreiung vom Erfordernis der Zeit erwies sich als überflüssig, und der entsprechende Vermerk im Trauungsbuch wurde nachträglich gestrichen. Braut und Bräutigam konnten den Nachweis des Wohnsitzes offenbar erbringen. Immerhin sah sich der Matrikenführer veranlaßt, auf den Geburtsort Aloysias – *Mannheim in der Pfalz* – in einem Randvermerk besonders hinzuweisen und im Text den Zuzug von *München in Bayern* besonders hervorzuheben.

4. Das *Rituale Viennense* von 1774 bestimmte auch Form und Ablauf von Mozarts Trauung mit Konstanze Weber im Jahre 1782. Zuständig für die *Copulation* war nach dem in Wien stets beachteten Grundsatz *ubi sponsa, ibi sponsalia* der *parochus proprius* der Braut. Dieser war für das Haus Nr. 1226 *Am Peter*, in dem Familie Weber seit April 1780 ihre Wohnung hatte, der Pfarrer von St. Stephan. Dementsprechend hatten schon Aloy-

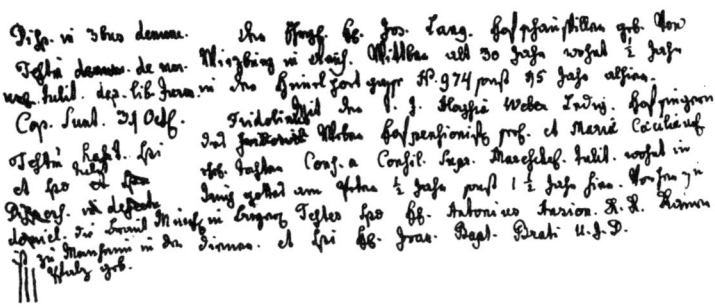

Dispensati in tribus denunciationibus. Testimonium de morte uxoris tulit. Deposito libertatis juramento. Copulati sunt 31. October. Testimonium habitationis sponsi et sponsae tulit. Dispensata in defecti domicilii.* Die Braut ist zu Mannheim in der Pfalz geboren.

Der ehrgeborene Herr Joseph Lang, Hofschauspiller, geboren von Würzburg im Reich, Wittber, alt 30 Jahr, wohnt 1/2 Jahr im der Himelportgasse Nr. 974, sonst 15 jahr allhier.

Mit der tugendreichen Jungfrau Aloysia Weber, ledig, Hofsingerin, des Fridolinus Weber Hoffpensionist seeligen (Angedenkens) et Mariae Caeciliae Uxoris ehelichen Töchter Consensum a Consilio Superiori Mareschallico tulit, wohnt in Aug gottes am Peter 1/2 Jahr, sonst 1 1/2 Jahr hier. Vorher zu München in Bayern. Testes sponsae Herr Antonius Ansion, k.k. Kammerdiener et sponsi Herr Johann Baptist Brati. U. J. D.

---

* Der Satz wurde nachträglich gestrichen.

11 Trauungseintrag Joseph Lange – Aloysia Weber vom 31. Oktober 1780

sia Weber und Joseph Lange am 31. Oktober 1780 einander im Dom das Ja-Wort gegeben. Nun also, 21 Monate später, war Aloysias jüngere Schwester Konstanze an der Reihe.

St. Stephan war die größte der Wiener Stadtpfarren. Ihr Sprengel umfaßte gut zwei Drittel des Stadtgebietes, vornehmlich im Osten. In das restliche Drittel teilten sich, von einigen Pfarrenklaven (Hofburg, Maria am Gestade, Bürgerspital, Deutscher Ritterorden) abgesehen, die Schotten und St. Michael. Auch die Vorstädte gehörten zu einer der Stadtpfarren und wurden entweder durch Filialkirchen oder unmittelbar von der Hauptkirche aus betreut. Zu St. Stephan eingepfarrt waren etwa Erdberg, Matzleinsdorf, Wieden. Pfarrer von St. Stephan war nominell der (Erz-)Bischof von Wien. Tatsächlich führte die Pfarrgeschäfte der Cur- und Chormeister *(Curiae et Chori Magister)*, dem damals fünf Kuraten, je sechs Kooperatoren, Leviten und *Cantores* sowie fünf *Supernumerarii* zur Seite standen. Deren Aufgaben waren vielfältig und zahlreich. Der *liber copulatorum* zum Beispiel verzeichnete für die Monate Juli und August 1782 nicht weniger als 177 heiratswillige Paare. Bei zweien von ihnen unterblieb die Hochzeit. Im ersten Fall ist der Grund unbekannt, im anderen aber klar: Der Bräutigam, ein *Lohnlakei* und Witwer, suchte sein Heil in der Flucht. Trocken berichtet ein Randvermerk: *Sponsus resiliit* – „Bräutigam abgesprungen". Von den verbleibenden 175 Paaren wurden 42 in anderen Pfarren (z.B. Schotten, St. Michael, Baden, Liechtenthal, Mariabrunn) getraut, 133 in St. Stephan. Eine Aufschlüsselung nach Wochentagen zeigt die Montage mit 59 Hochzeiten an der Spitze, gefolgt von Sonntagen mit 32 *Copulationen.*

5. Wenn Wolfgang Adam und Konstanze, etwas überstürzt, am Sonntag, dem 4. August heiraten wollten, mußten sie um Befreiung vom Aufgebot, und zwar von allen drei Verkündigun-

gen, einkommen. Sie taten dies am 2. August beim erzbischöflichen *Consistorium*. Für das 15köpfige Gremium unter
dem Vorsitz des Generalvikars Grafen von Artz war jener Freitag einer der üblichen Amts- und Sitzungstage. Neun Anträge
waren zu erledigen. Sechs betrafen Befreiungen vom Aufgebot, einer Dispens von der *abgängigen Zeit*. In einem weiteren
Fall ging es um die Klage eines frustrierten Ehemannes gegen
seine Frau auf Wiederaufnahme der ehelichen Gemeinschaft.
Punkt neun handelte vom *Ansuchen* einer verlassenen Braut
wegen Entehrung, Schwängerung sowie Kindbett- und Kind-
versorgungskosten gegen den ungetreuen Kindesvater. Wesentlich „harmloseren" Inhalts war das Gesuch Mozarts. Der
Eintrag im Konsistorialprotokoll lautet: *Mozart Wolfgang Kapellmeister und Weberin Konstanzia bitten um Nachsicht der drey Ver-
kündungen wegen Abreise des Bräutigams.*

Den Bericht im Plenum erstattete niemand Geringerer als der
Chormeister von St. Stephan, Dr. phil. et theol. Ignaz Staininger,
Konsistorialrat et *hoc tempore Rector Magnificus der alten und ehr-
würdigen Universität Wien*. Das Gesuch wurde prompt bewilligt
– *gegen Ablegung* des Freiheitseides.
	Befreiung vom Aufgebot war nichts Ungewöhnliches. Sie
war beispielsweise den Brautpaaren Thorwart-Schnock 1760
und Lange-Weber 1780 gewährt worden. Bei den 177 Trau-
ungseinträgen der Monate Juli und August 1782 erfolgte sie in
28 Fällen von allen drei Verkündigungen, in sechs Fällen von
der dritten *denuntiatio*. Insgesamt dürfte die Dispenspraxis des
Wiener Ordinariats ziemlich großzügig gewesen sein. Auch
das vorliegende Verfahren paßt ins Bild. Die vorgebrachte Be-

gründung, Abreise des Bräutigams, war mehr als fadenscheinig. Alle Reisepläne, die Mozart Anfang August gewälzt haben mochte (Frankreich, England, Salzburg), waren weit von einer Realisierung entfernt und hätten es dem Paar durchaus erlaubt, mit der Hochzeit bis zum 18. oder 25. August zu warten. Tatsächlich verbrachten die Jungvermählten ihre Flitterwochen in Wien. Am 6. wurde die *Entführung* auf Verlangen Glucks wiederholt, am Abend des 8. August speiste man bei diesem auf der Wieden. Für den 18. war eine Freiluftaufführung der *Türkenoper* auf dem Hohen Markt geplant. Am 7., 17., 24. und 31. August schrieb Mozart von Wien aus Briefe an den Vater nach Salzburg. Im letzten Monatsdrittel ging das junge Paar im Augarten spazieren. Um die Reaktion von Konstanzes Hündchen *Puzzipaukerl* zu testen, erhob Mozart im Spaß die Hand gegen seine Frau. Joseph II., der die Szene vom nahe liegenden *Schlössel* (oder von einer Kutsche) aus beobachtete, rief den beiden amüsiert zu: *Was?! Seit drei Wochen verheiratet – und schon Schläge?* – Si non è vero è ben' trovato. Von Abreise des Bräutigams jedenfalls keine Spur. Doch was soll's! Die Dispens war erteilt, und niemand fragte nach der Stichhaltigkeit des angeführten Grundes.

6. An jenem 2. August, dem *Portiuncula*-Tage, gingen die Brautleute auch zu Beichte und Kommunion – nicht nur der Andacht, sondern *auch der zettel wegen, ohne welche wir nicht hätten copuliert werden können.* Sie entledigten sich dieser geistlich-kirchlichen Pflicht bei den Theatinern (Kajetinern). Deren stattlich-luxuriöses Kloster samt einer dem hl. Kajetan geweihten Kapelle stand unmittelbar an der Hohen Brücke, mit zwei Stockwerken hinunter zum Tiefen Graben und drei Etagen nach oben auf die Wipplingerstraße. Wolfgang war dort schon früher gewesen, einmal am 11. April des Vorjahres und ein anderes Mal mit seinem Vater beim zweiten Wien-Besuch

12 Das Haus zum Roten Säbel

im Jahre 1768. Nun wohnte er auch wieder, wie damals, im Hause *Zum roten Säbel,* Stadt Nr. 387 (heute: I., Wipplingerstraße 19/Färbergasse 5), unmittelbar neben dem Kloster. Er hatte es also nicht weit zur Beichte. – Die Tage des Ordens waren gezählt: Am 18. Dezember 1782 hob Joseph II. das Kloster auf; im Jahre darauf wurde auch die Kapelle profaniert. Seither sind die Theatiner in Österreich nicht mehr vertreten.

Doch zurück zu unserem Brautpaar! An jenem Freitag hatte es alles „beisammen", was es für die Trauung benötigte: Einwilligungen von Mutter, Vormund und Obervormundschaft; politischen Ehekonsens; Befreiung vom Aufgebot; Beichtzettel. Zwei Zeugen waren ebenfalls zur Hand. Die Eintragung ins Trauungsbuch konnte erfolgen.

7. *Protocolla copulatorum* sind bei St. Stephan seit dem Jahre 1542 erhalten. Sie wurden also schon einige Zeit vor dem *Tridentinum* geführt. Streng genommen handelte es sich bei diesen Matriken allerdings nicht um Trauungs-, sondern um Aufgebots- oder Verkündigungsbücher. Denn die jeweilige Eintragung erfolgte nicht unmittelbar vor oder bei der *Copulation,* sondern zu jenem Zeitpunkt, zu welchem die Brautleute zur Bestellung des Aufgebots in der Pfarre vorsprachen oder sich, unter Dispens von der *proclamatio,* zur Hochzeit anmeldeten. Nur wenn Befreiung von *trinis denuntiationibus* erteilt worden war, konnte – theoretisch – das Datum des Eintrags auch jenes der Trauung sein. Im Normalfall jedoch lagen zwischen (Aufgebots-)Protokoll und *Copulation* mehrere Tage oder Wochen, je nach Anzahl der Verkündigungen. Deren Vornahme wurde am Rande des Eintrags durch senkrechte Striche (||||) vermerkt. Es war zulässig, daß die Trauung unmittelbar nach der letzten *denuntiatio* erfolgte. Bei deren dreien also – erst, aber auch schon! – zwei Wochen nach der Bestellung des Aufgebots. Naturgemäß waren etwaige Terminwün-

sche der Brautleute und/oder der Pfarre zu berücksichtigen. Bei alledem ist klar, daß Protokollierung der geplanten Eheschließung nicht bedeutete, daß diese tatsächlich stattfand. Braut oder Bräutigam oder beide konnten zwischen Aufgebotsbestellung und Trauungstermin das Zeitliche segnen oder „unter Lebenden" die Verbindung „platzen" lassen. In diesem Falle lautete der Randvermerk: *sponsus/sponsa resiliit*, oder: *resiluerunt*. Ging alles plangemäß vonstatten, setzte das Trauungsorgan das Datum der *Copulation* und seine Unterschrift neben den Aufgebotseintrag; z.B.: *Cop(ulavi) 18. Aug(usti) Piringer*. Der Eintrag selbst ist nicht datiert. Bei St. Stephan ist überdies nicht eindeutig zu erkennen, wann die Einträge des einen Monats enden und jene des Folgemonats beginnen. Die Kolumnentitel lassen einen Spielraum von zwei bis drei Einträgen. Jener Mozarts dürfte der dritte im Monat August 1782 gewesen und am Freitag, dem 2. August, erfolgt sein.

Wie auch immer und wann auch immer: Bei ihrer Vorsprache in St. Stephan werden die Brautleute gemäß dem *Rituale* einer Prüfung unterzogen worden sein, die sich einerseits auf ihre (Sattel-)Festigkeit im katholischen Glauben, andererseits auf ihre persönlichen Verhältnisse bezog: Ledig oder verwitwet? Minder- oder großjährig? Zustimmung von Vater oder Vormund und Obervormundschaft? Politischer Ehekonsens? Aufenthaltsdauer? Zeugen? Dispense?

8. Vor diesem Hintergrund ist der Trauungseintrag W.A. Mozarts und Konstanze Webers im *Liber copulatorum* von Anfang August 1782, tom. 74, fol. 270 v zu sehen. Er lautet – nach Auflösung der Abkürzungen und in leichter Modernisierung:

Der wohledle Herr Wolfgang Adam Mozart, ein Kapellmeister, ledig, gebürtig von Salzburg, des Herrn Leopold Mozart, Kapellmeisters allda, et Mariae Annae uxoris seligen (Angedenkens) natae

Bertl ehlicher Sohn, consensum ab excelsissimo Regimine tulit,
wohnt dermalen 12 Tag auf der hohen Brucke Nr. 387, vorhin 5
Monat am Graben, und vor diesem 1 Jahr unter den Tuchlauben
beim Aug Gottes, übrigens 16 Monat stets allhier, ita testatus Do-
minus tutor, et testis sponsae.
Mit der wohledlen Jungfrau Konstanzia Weberin, gebürtig von Zell
in Unter-Österreich, des Herrn Fridolin Weber, k.k. Hofmusici se-
ligen (Angedenkens) et Caeciliae uxoris natae Stamin ehliche Toch-
ter, consensum tutorium a judicio Mareschal aulico tulit, wohnt 2
Jahr am Peter beim Aug Gottes Nr. 577, ita testatur tutor, et testis.
Testis sponsae Titel Herr Johann Thorwarth, k.k. Hofdirektions
Revisor, et Titel Herr Johann Cetto von Cronstorf, k.k. n.ö. Regie-
rungsrath, et sponsi Herr Franz Gilowsky, Medicinae Doctor.

Dispensati in tribus denunciationibus
Deposito libertatis Juramento } = Randvermerke
Copulavi 4 Augusti Wolff

Der Eintrag weist eine Reihe von Ungereimtheiten und/oder
Ungenauigkeiten und/oder Merkwürdigkeiten auf. Die Auf-
enthalte Mozarts im Hause *Am Peter* und im *Contrinischen Hause*
am Graben währten nicht zwölf und fünf Monate, sondern
viereinhalb und knappe elf Monate. Die Gesamtdauer von
Wolfgangs Wiener Aufenthalt – gerechnet ab März 1781 – ist
aber mit 16 Monaten ziemlich zutreffend angegeben. Er über-
traf jedenfalls die für einen Zuzug aus Salzburg vorgesehene
Mindestdauer, sodaß der Bräutigam keine Freiheitsbescheini-
gung seiner Herkunftsdiözese vorlegen mußte. Allerdings hatte
er durch den Wohnungswechsel vom Petersplatz auf den Graben von dort in die Wipplingerstraße einen zweimaligen Pfarrwechsel vollzogen, nämlich von St. Stephan zu St. Michael und

13 Trauungseintrag Wolfgang Amadeus Mozart – Konstanze Weber vom
4. August 1782

schließlich zu den Schotten. Er und Konstanze hätten daher
nach dem *Rituale* von 1774 sowohl im Dom wie in St. Michael
„verkündet" werden müssen. Doch war dieses Formerfordernis
durch die Dispens vom Aufgebot beseitigt worden.

14 Das Kloster der Theatiner und die Hohe Brücke
(vgl. S. 64 und 87)

Konstanze Weber stammt nicht aus *U.Ö.* (Unter-, Niederösterreich, Erzherzogtum unter der Enns), sondern aus Zell im
Wiesenthal bei Freiburg im Breisgau, das damals politisch zu
Vorderösterreich gehörte. Für die Berechnung der Mindestaufenthaltsdauer war dieser (Hör- oder Geographie-)Fehler be-
deutungslos, da die Braut schon länger als zwei Jahre in Wien
lebte. Schwierigkeiten wie bei der Hochzeit ihrer Schwester
Aloysia gab es also keine. Daß für das Haus *Zum Auge Gottes* –
ein Durchhaus – zwei verschiedene Adressen angegeben wurden (*Am Peter* für Konstanze und *Unter den Tuchlauben* für
Mozart), ist wohl kein Irrtum. Möglicherweise wollte man
durch diesen kleinen Trick die Tatsache verschleiern, daß das
Brautpaar schon vor der Ehe in ein- und demselben Haus(halt)
gelebt hatte. Dies sollte nach Kirchenrecht tunlichst vermieden
werden. Wenn Thorwart als dritter Zeuge (an-)geführt wurde,
so steckte auch dahinter Absicht: „Mehr Beiständ', mehr Ehr'!"
Fraglich ist, ob Cetto von Cronstorff im August 1782 noch Rat
bei der Niederösterreichischen Regierung war. Ebenso ist un-

klar, ob Franz Gilowsky zu Recht als *Medicinae Doctor* bezeichnet wurde. Beim Abschluß des Ehepaktes nannte er selbst sich *Magister Chirurgiae et Anatomiae.* Doch so genau wollte das offenbar niemand wissen.

9. Für diesen Sonntag, den 4. August, waren im Dom insgesamt sechs Hochzeiten angesetzt. Drei Paare hatten am 2. August Dispens vom Aufgebot erbeten – und erhalten; bei den anderen drei waren die *tres denunciationes* ordnungsgemäß erfolgt. Als Trauungsorgane fungierten je einmal die Leviten Antonius Piringer und Ignatius Thonhauser sowie, in vier Fällen, der Domkurat Ferdinandus Antonius Wolff, 64 Jahre alt und seit 41 Jahren Priester. Er gab zusammen:

Anton Wolff (verwandt mit dem Priester?), *Eisenhandler,* aus Wien gebürtig, Witwer; mit der minderjährigen Rosa Schaubach, deren Vater, ein *jubilirter erster Beamter der k.k. Linzer Wollenzeugsfabrik,* der Heirat seiner Tochter beiwohnte und zustimmte *(pater adfuit et consensit)*; 3 Verkündigungen;

Joseph Zatecky, *gräflich-Hoyosscher Büchsenspanner,* ledig, aus Kumratiz in Böhmen gebürtig, volljährig; mit der in Diensten seiner Herrschaft stehenden Susanna Sirch; Konsens der n.ö. Regierung; 3 Verkündigungen;

Johann Anton Klee, *Wirtschaftsspitzmacher* (?), ledig, aus *Nassau-Usingen im Reich* gebürtig, *war Vorhin theils zu Haus, theils wieder auf Jahrmärkten bald da bald dort*, daher Dispens vom Erfordernis des Wohnsitzes *(in defectu domicilii tanquam vagus)*; Konsens der n.ö. Regierung; mit der 37jährigen Barbara Mayer, Witwe nach einem *Granadier, von Roth im Anspach* gebürtig; beide Brautleute akatholisch; Dispens vom Aufgebot (2. August); Freiheitseid abgelegt;

Wolfgang Adam Mozart, Kapellmeister, ledig, von Salzburg gebürtig; Konsens der n.ö. Regierung; mit Konstanzia Weber, von Zell in U.Ö. (recte: Vorderösterreich) gebürtig; Konsens des Obersthofmarschallamtes; Dispens vom Aufgebot (2. August); Freiheitseid abgelegt.

Wann und in welcher Reihenfolge Hochwürden Wolff die vier Trauungen vornahm, ist nicht bekannt. Es wird wohl am späten Vormittag gewesen sein. Sowohl die drei Verkündigungen im Rahmen des Aufgebots wie auch Trauungen waren nach Tunlichkeit *ante meridiem* vorzunehmen. Ebenso sollte der Freiheitseid geleistet werden, *wann die Persohn noch nüchtern ist.* Anzunehmen also, daß Eidesleistung und Trauung sozusagen „in einem Aufwaschen" vor dem Mittagessen stattfanden, der trauende Priester das *juramentum libertatis* unmittelbar vor der *copulatio* abnahm und beides im Anschluß an die Hochzeitszeremonie im Trauungsbuch mit seiner Unterschrift bestätigte: *Deposito libertatis Juramento.* Bei dieser Gelegenheit wird irgendwann auch die Trauungstaxe zu erlegen gewesen sein. Sie betrug nach der Stolordnung Josephs II. für Wien vom 25. Januar 1782 pro *Kopulazion* 1 fl.

10. Die Formel des Freiheitseides hatte im Laufe der Entwicklung verschiedene Fassungen erhalten. Um die Jahrhundertmitte war sie, nach einem Bericht *wegen deren Juramenten,* verhältnismäßig kurz: *Ich schwöre einen Eid zu Gott dem Allmächtigen, daß ich mit keiner anderen Persohn, als mit gegenwärtiger N.N. ehelich versprochen und verbunden seye, so wahr mir Gott helff und sein heiliges Evangelium.* Das *Rituale* von 1774 verlieh *dem Eid bey den Partheyen, welchen von dem hochwürdigen Erzbischöflichen Consistorio die drey Verkündigungen nachgesehen* worden waren, eine wesentlich schärfere Note:

Ich N.N. schwöre zu Gott dem Allmächtigen, seiner unbefleckten Jungfrau Mutter Gottes Maria, und allen Heiligen einen körperlichen Eid ohne aller Gemüthshinterhaltung, und zweydeutigen Verstande, daß ich mit niemand andern, als mit der gegenwärtigen N.N. versprochen; von allen anderen Eheversprechen, Verbindnissen, und kanonischen Hindernissen, so viel mir eigentlich bewußt ist, ledig, und frey bin: auch mich zu Erhaltung dieser Dispensation der drey Verkündigungen keines Hinderlistes und Betrugs bedienet, und gebrauchet; sondern ohne Verstellung, und Einführung, wie diese Sache in sich selbst ist, fürgegangen bin; so wahr mir Gott, die unbefleckte Mutter Gottes Maria, alle Heiligen und das heilige Evangelium helfen.

Allerdings konnten, so beeilt sich die *Vorschrift* vorauszuschicken, *bey einer hohen Standes, oder ansonsten stadtkündig – ehrlich – und karakterisirten Person die Worte: Einführung, und Betrug ausgelassen werden.* Ob das bei unserem Paar der Fall war?

11. Seine Trauung fand wahrscheinlich in der Eligius-Kapelle des Domes statt. Jedenfalls bezeichnet Joseph Ogesser, Kooperator bei St. Stephan und als solcher Kollege von F.A. Wolff, in seiner *Beschreibung der Metropolitankirche ... in Wien* vom Jahre 1779 die Eligiuskapelle mit dem Blasius-Altar als *Kopulationskapelle.* Dort also versammelte sich am Sonntag, dem 4. August 1782 die kleine Hochzeitsgesellschaft, die wir schon vom Ehepakt des Vortages her kennen: der *wohledle Herr Wolfgang Mozart* als Bräutigam; die *wohledle Jungfrau Konstanzia Weberin* als Braut; deren Mutter und Vormund; als Zeugen die beiden Herren Cetto von Cronstorff und Franz Gilowsky von Urazowa; und schließlich noch Konstanzes jüngste Schwester, Sophie. Als Hochwürden Wolff die *Copulation* vornahm, machte sich Rührung breit: *sowohl meine Frau als ich fieng an zu weinen; davon wurden alle, sogar der Priester, gerührt. Und alle* *weinten, da sie Zeuge unserer gerührten Herzen waren.* Offenbar verlangte die nervliche Anspannung der letzten Tage nach Entladung. Die Aufregungen mit und um Mutter Weber und Vormund Thorwart und die Uneinsichtigkeit von Vater Mozart hatten Spuren hinterlassen. Vielleicht erinnerte sich Caecilie Weber der Hochzeit ihrer Tochter Aloysia im Herbst 1780, der ähnliche Kämpfe und Krämpfe vorausgegangen waren wie dem Happy End des Jahres 1782. Mit einem Seufzer der Erleichterung wird Gerhab Thorwart die *Copulation* verfolgt haben. Mit der Eheschließung seines Mündels endete seine Rolle als Vormund. Damals kam gemäß Punkt 7 der *Jahrebestimmung* von 1753 eine Minderjährige, die einen Großjährigen heiratete, unter die *Kuratel* ihres Ehemannes. Möglicherweise dachte der *k.k. Hofdirektions-Revisor* auch an jenen 9. September 1760 zurück, als der *fürstlich-Lambergische Cammerdiener* Thorwart seine hochschwangere Franziska im Dom vor den Traualtar geführt hatte, unter Dispens vom Aufgebot, nach Ablegung des Freiheitseides und mit Zustimmung der städtischen Vormundschaftsbehörde.

Mit Dom und Pfarre St. Stephan blieben die Familien Weber, Thorwart und Mozart auch in den Folgejahren eng verbunden. Am 21. Juli 1788 heirateten hier die mittlerweile 30 Jahre alt gewordene Josepha Weber und der *Hof-Musicus* Franz de Paula Hofer. Wieder nahm Domkurat Wolff die Trauung vor. Und wer fungierte als (Langes) Trauzeuge? Erraten: niemand anderer als der kurz vorher zum *k.k. Oberstkämmerer-Amts-Sekretaire* aufgestiegene Thorwart. Er befand sich in guter, wenn auch nicht ganz „ungefährlicher" Gesellschaft. Josephas Beistand war der Hof- und Gerichtsadvokat Jakob Ignaz Juz (oder: Jutz), der ein paar Jahre später tief in die Jakobinerverschwörung verstrickt war. Im Prozeß verteidigte sich der Spitzenjurist geschickt und selbstbewußt, sodaß er nach einigem polizeilichen und juristischen Hickhack mit *zeitlich geringem Arrest* davonkam.

15 Beispiel einer kirchlichen Trauung in der Zeit Josephs II.

Jahr 1788.		B r ä u t i g a m.							
Monat Täge	**Namen und Stand.**	**Wohnung**		**Religion**		Alters Jahre	Unverehligt	Witwer	
		Nro. des Hauses und des Ortes.		Katholisch	Protestantisch				

3   Der Herr Franz Hofer, ein Hof-   Am Peter   1   -   33. 1.   -
     musikus, hie gebürtig, des Joseph   N° 587
     Markus Hofer, eines Musikus bey
     St. Stephan, und Elisabetha uxoris,
     geborene Christian, seeligen
     (Angedenkens) ehelicher Sohn.

16 Trauungseintragung Franz Hofer – Josepha Weber vom 21. Juli 1788
(vgl. S. 74 und 83)

Zwei Söhne des Ehepaares Mozart wurden in St. Stephan getauft. Johann Thomas am 18. Oktober 1786. Er starb schon am 15. November desselben Jahres und wurde zwei Tage darauf vom Dom aus im *Freydthof außer St. Marx* begraben. Dort wird der winzige Leichnam wohl mit mehreren Erwachsenen in ein Schachtgrab versenkt worden sein. Für das *Geleite eines Kindes, so noch kein Jahr alt ist, folglich unter dem Mantel in die Kirch getragen wird,* waren laut Stolordnung 1782 2 fl 20 kr zu entrichten. Auch Franz Xaver (Wolfgang), geboren am 26. Juli

Braut.								Beiständs.	Anmerkungen.
Namen und Stand.	Wohnung Nro. des Hauses und des Ortes.	Religion Katholisch	Protestantisch	Alters-Jahre.	Unverehelicht	Witwe	Namen und Stand		

Fräule Josepha Weber, gebürtig von Zell in Wisenthall, des Fridolin Weber, eines Oberamtmanns alldort seeligen (Angedenkens) und Cäcilia uxoris, geborene von Staamas, noch im Leben, eheliche Töchter.	St. Stephan Pfarr Nro 1084	1.	-	30	1.	-	Testes Sponsi: Johann Thorwart k.k. Oberstkämmerer, Amts-Secretaire. Jakob Ignaz Juz Dr. Hof- und Gerichtsadvocat.	Testimonium denunciationis a S. Petro tulit. Litteras Baptismi utriusque vidi. Copulati 21. July Wolff

1791, erhielt im Dom die Taufe. Er war vier Monate und ein paar Tage alt, als sein Vater von St. Stephan aus in einem rumpelnden Leichenwagen die letzte Reise antrat. Ein halbes Jahr vorher war Mozart zum Adjunkten des Domkapellmeisters bestellt worden, mit dem Recht auf Nachfolge. Daraus ist nichts geworden.

Doch bis dahin hatte es noch gute Weile. Vorerst galt es, die Frischvermählten zu feiern. Am Abend nach der Hochzeit gab Baronin Waldstätten, ganz großzügige Gastgeberin und verständnisvolle (Seelen-)Freundin, der kleinen Hochzeitsgesellschaft (allen?) ein *Soupée* (wo?), *welches in der that mehr fürstlich als Baronisch war.* Danach zogen sich die Eheleute in die „neue" Wohnung in der Wipplingerstraße zurück. Dort wurden sie am nächsten Morgen unsanft aus dem Schlaf gerissen: Anton Stadler, Mozarts Freund und Kumpan, trommelte an die Wohnungstür. Nach einer Weile wurde er eingelassen und zum Frühstück geladen, welches Konstanze, angetan mit ihrem Hochzeitskleid, bereitete. Der Ehealltag im josephinischen Wien hatte begonnen.

Josefinismus

1. Mozarts Wiener Jahre als Freund, Bräutigam und Ehemann Konstanzes decken sich im wesentlichen mit der Regierungszeit Josephs II. (1780–90). Der älteste Sohn Maria Theresias, seit 1765 Mitregent neben (besser: unter) seiner Mutter, hatte nach deren Tod im Dezember 1780 die Alleinherrschaft in den habsburgischen Ländern angetreten. In seiner Staatsauffassung stand er auf dem Boden von Naturrecht und Aufklärung. Demgemäß sah er im Staat das Ergebnis eines Gesellschaftsvertrages und im Monarchen den *ersten Diener des Staates.* Dessen Stellung beruhte nicht auf göttlicher Fügung oder Einsetzung, sondern war einzig und allein begründet und gerechtfertigt durch rastlosen Dienst im Interesse des Staates und der Untertanen. In der Person Josephs steigerte sich diese dem Gemeinwohl verpflichtete Geisteshaltung zu einer Art Staatsfanatismus, gepaart mit der fixen Idee einer Zwangsbeglückung des Volkes. Im Grunde lief dieses Regierungs-Credo auf nichts anderes hinaus als auf die Schaffung eines einheitlichen, vom Willen des Monarchen gelenkten, zentralistischen, absolutistischen und bürokratischen Machtstaates.

17 Joseph II.

Vor diesem politisch-philosophischen Hintergrund sind die
– meist pauschal mit *Josefinismus* umschriebenen – Reformen
jener Zeit zu sehen und zu beurteilen. In ihrer Dichte und Vielzahl markieren sie einen tiefen Einschnitt in die österreichische

Rechts- und Verfassungsgeschichte. Nicht etwa, daß alle diese
Maßnahmen jeweils etwas grundsätzlich Neues dargestellt hätten; vielfach setzten sie ältere, zumal theresianische Ansätze
fort. Man sagt daher nicht ohne Grund, daß der Josefinismus
in Österreich lange *vor* Joseph II. begonnen hätte. Was jedoch
in den Jahren 1780 ff neu war, das waren Tempo, Folgerichtig-
keit und Radikalität, mit welcher die Reformen beschlossen
und in die Praxis umgesetzt wurden. Dieser Vorgang hat starke
geistig-intellektuelle Kräfte angezogen und/oder freigesetzt
und in weiten Kreisen, zumindest zeitweise, fortschrittsgläubi-
gen Beifall gefunden. Er hat aber auch zur Vernichtung über-
kommener Lebensformen und Gesellschaftsstrukturen geführt
und dadurch in großen Teilen der Bevölkerung Unbehagen,
Unsicherheit und soziale Spannungen ausgelöst. So mußte Joseph gegen Ende seines 49 Jahre dauernden Lebens die bittere
Erfahrung machen, daß sein Programm, so notwendig und so
gut gemeint es in vielen Punkten gewesen sein mag, die Monarchie an den Rand des Abgrunds getrieben hatte. Er selbst
und dann sein Bruder und Nachfolger, Leopold II., sahen sich
daher genötigt, viele der josephinischen Neuerungen zurück-
zunehmen oder zumindest abzuschwächen.

Dies in kurzer Skizze das rechtshistorisch-politische Am-
biente, in welchem sich das Leben der Mozarts im Wien der
achtziger Jahre abspielte. Dazu einige Beispiele!

2. Als der junge Kapellmeister am 4. August 1782 seine Braut
vor den Traualtar führte, tat er das aus Liebe und aus eigenem
Antrieb. Er erfüllte aber auch eine klagbare Verbindlichkeit.
Kurz danach sah die Rechtslage anders aus. Am 6. August unterzeichnete Joseph II. in Laxenburg bei Wien ein Patent, das
am 30. des Monats in Kraft trat und das *vom Tage dieses Gesetzes
an* kategorisch *alle Eheversprechen für gänzlich aufgehoben* erklärte.
Gleichwohl eingegangene sollten *nicht die mindeste Wirkung* ha-

Patent vom 3osten **August** 1782.

Da die Eheverlöbnisse weder für den Staat, noch für den Privaten nützlich, sondern vielmehr für beyde in Rücksicht auf die gezwungenen Ehen schädlich sind; als werden

Erstens: alle Eheversprechen, das ist jene Verträge, wodurch eine Manns- und Weibsperson sich vorhinein gegen einander verbindlich machen, sich zu heirathen, vom Tage dieses Gesetzes gänzlich aufgehoben erkläret.

Zweytens: Würde demnach ein solches Eheversprechen gleichwohl eingegangen, so soll dasselbe, es möge auf was immer für eine Art gefasset, und mit was immer für Feyerlichkeiten versehen seyn, doch weder eine Verbindlichkeit zur künftigen Ehe nach sich ziehen, noch auch sonst die mindeste rechtliche Wirkung haben.

Drittens: Um so weniger soll eine nach vorhergegangenem Eheversprechen geschehene Schwächung oder Schwängerung eine Verbindlichkeit zur künftigen Ehe begründen, sondern eine solche Schwächung oder Schwängerung soll nicht anders angesehen werden, als jene, welche ohne ein vorheriges Eheversprechen geschehen ist.

Viertens: Alle Heiraths-Contracte sollen künftighin also eingeleitet werden, daß, nachdem N. N. sich mit N. N. zu verehlichen gesonnen, folgende Bedingnisse zwischen ihnen verabredet worden, welche nach erfolgter priesterlicher Einsegnung alsofort ihre rechtliche Kraft haben sollen.

18 Verlöbnispatent vom 30. August 1782

Patent vom 16ten **Januar** 1783.

Ueber die Gültigkeit oder Ungültigkeit des Ehevertrages, in so fern es die bürgerlichen Wirkungen desselben betrifft, folglich auch, in wie fern die erzeugten Kinder für ehelich oder unehelich zu betrachten seyn? wird folgende Ordnung bestimmt:

§. 1.

Die Ehe an sich selbst, als ein bürgerlicher Vertrag (Contract) betrachtet, wie auch die aus diesem Vertrage herfließenden, und den Vertrag errichtenden gegen einander zustehenden bürgerlichen Gerechtsame und Verbindlichkeiten erhalten ihre Wesenheit, Kraft und Bestimmung ganz und allein von den landesfürstlichen Gesetzen; die Entscheidung der hierüber entstehenden Streitigkeiten gehört also für die landesfürstlichen Gerichtsstellen.

19 Ehepatent vom 16. Jänner 1783

ben – selbst dann nicht, wenn die Braut unter Zusage der Ehe geschwängert worden war. Typisch für das utilitaristische Denken des aufgeklärten Absolutismus die Begründung: Verlöbnisse werden aufgehoben, weil sie *weder für den Staat noch für die Privaten nützlich, sondern vielmehr mit Rücksicht auf die erzwungenen Ehen schädlich sind.* Gleichzeitig mußte die längst überholte, aber immer noch übliche Eingangsformel städtischer und ländlicher Heiratsbriefe wegfallen, daß nämlich Braut und Bräutigam *bis auf priesterliche Kopulation zusammengegeben* würden. Diese Terminologie ließ den alten vorkanonischen Rechtszustand erahnen, nach welchem die Trauung *in facie ecclesiae* nur ein Akzidentale der Eheschließung, nicht jedoch den die Ehe *de iure* begründenden Akt darstellte. Nun aber setzte Joseph II. explizit fest, daß es die *priesterliche Einsegnung* – und nicht etwa schon oder erst der Abschluß eines Ehepaktes – wäre, welcher die *Ehe ihre rechtliche Kraft* verdankte. Hätte also unser Paar seinen *Heiraths-Contract* vier Wochen später geschlossen, so hätte er mit folgender Klausel beginnen müssen:

... daß, nachdem der wohledle Wolfgang Adam Mozart, Kapellmeister, sich mit der wohledlen Jungfrau Konstanzia Weberin zu vereheligen gesonnen, folgende Bedingnisse zwischen ihnen verabredet wurden, welche nach erfolgter priesterlicher Einsegnung alsofort ihre rechtliche Kraft haben sollen.

Es bestanden Zweifel, ob das Verlöbnispatent auch jene Eheversprechen „vernichtete", die vor dem 30. August 1782 gegeben worden waren. Bejahendenfalls hätte Mozarts *Ehekontrakt* seine Bindungskraft verloren – wenn die Heirat unterblieben wäre. Hat vielleicht Gerhab Thorwart mit dieser Möglichkeit gerechnet? Seine Befürchtungen wären unbegründet gewesen. Ein Hofdekret vom 24. Dezember d.J. schloß jede Rückwirkung aus:

Doch versteht sich dieses aus der Natur eines jeden Gesetzes nur von jenen Eheverlöbnissen, die nach der Kundmachung dieses Patents eingegangen worden sind, keineswegs aber von jenen, die schon vor derselben vollzogen wurden.

3. Das Patent vom 30. August stellte ein vergleichsweise „harmloses" Vorspiel dar. Viereinhalb Monate später folgte der große Paukenschlag: das Ehepatent vom 16. Januar 1783. Es unterschied – im Sinne einer seit dem 16. Jahrhundert entwickelten Distinktionstheorie – scharf zwischen dem sakralen und dem weltlichen Aspekt der Ehe. Diese war einerseits Sakrament, andererseits aber auch ziviler (= bürgerlicher) Vertrag, dessen Regelung der staatlichen Gewalt unterlag. Damit stieß der josephinische Gesetzgeber zwar nicht zur zivilen Eheschließung (weder zur obligatorischen noch zur fakultativen) vor, doch war es formell staatliches Recht, welches die geistlichen Trauungsorgane in Hinkunft anzuwenden hatten. Konsequenterweise ging die Ehegerichtsbarkeit von den kirchlichen Gerichten auf weltliche Gerichtsstellen über. Die Matrikenführung blieb weiterhin in Händen der Kirche, hatte aber seit einem Patent von 1784 nach Vorschriften und unter Aufsicht des Staates zu erfolgen. Der Unterschied wird deutlich, wenn man etwa den Trauungseintrag Konstanzes von 1782 mit jenem ihrer Schwester Josepha von 1788 vergleicht. Änderungen gab es auch beim Recht der Dispense. Die offenkundig recht großzügige Praxis der Konsistorien bei der Befreiung von Ehehindernissen und/oder vom Aufgebot war der weltlichen Bürokratie schon lange ein Dorn im Auge gewesen. Nun wurde dieser Bereich unter staatliche Kontrolle gestellt oder zur Gänze staatlichen Behörden übertragen. Für die Dispensation von den drei Verkündigungen, deren juristische Bedeutung gleichzeitig gesteigert wurde, war ab dem Ehepatent die *politische Stelle* zuständig, in der Regel die *Regierung.* Vor ihr und nicht vor dem kirchlichen Trauungsorgan war auch der „Freiheitseid" abzulegen, *daß sich die Parteien keines nach dem Ehepatent zwischen ihnen bestehenden Ehehindernisses bewußt seyen.* Mit diesen Reformen hat der aufgeklärt-absolutistische Staat die Säkularisierung des Eherechts und dessen Ausgestaltung im Sinne weltlicher Wert- und Ordnungsvorstellungen einen entscheidenden Schritt vorangetrieben. Diese Bewegung blieb keineswegs auf die habsburgischen Erbländer beschränkt. In Salzburg etwa folgte Fürsterzbischof Colloredo dem josephinischen Vorbild mit einem *Sponsalien-Annulierungs-Mandat* vom 2. Januar 1787. Das war knappe fünf Monate vor dem Tode Leopold Mozarts.

4. Hand in Hand mit diesen seit langem in der Luft liegenden und daher die Zeitgenossen nicht wirklich überraschenden Maßnahmen gingen schwere Eingriffe in Organisation und Struktur der Kirche durch eine tiefgreifende Diözesanreform und eine umfangreiche Pfarr-Regulierung. Erstere schaltete, soweit möglich, die Jurisdiktion auswärtiger Bischöfe (bes. Salzburg, Passau) im habsburgischen Staatsgebiet aus und führte zur Errichtung neuer Diözesen (Linz, Leoben) sowie zur Verlegung mehrerer Bischofssitze (z.B. Wiener Neustadt nach St. Pölten). Letztere zerschlug die bestehenden Großpfarren – wie z.B. in Wien St. Stephan – und schuf Hunderte neuer Pfarren, die nicht nur die Seelsorge, sondern auch sittlich-staatsbürgerliche Volkserziehung im Sinne des aufgeklärten Absolutismus wahrzunehmen hatten. Flankiert und finanziell getragen wurden diese Reformen durch Aufhebung jener Klöster und Orden, die überwiegend einem kontemplativen Leben huldigten und nicht praktischen Zwecken wie der Seelsorge, dem Unterricht, der Krankenpflege dienten. Ihr Vermögen floß in länderweise errichtete Religionsfonds, die ausschließlich seelsorgerisch-karitativen Zwecken und Unter-

20 Papst Pius VI. bei der Spendung des Segens von der Kirche Am Hof

richtsaufgaben gewidmet waren. Insbesondere sollte mit ihrer Hilfe ein standesgemäßes Mindesteinkommen der Kleriker *(congrua)* gesichert werden. All dies zeigt, daß es bei Josephs (staats-)kirchenrechtlichen Reformen nicht um Gegnerschaft zur katholischen Kirche ging, sondern um den großangelegten Versuch, diese in den Staat zu integrieren und zu einem Instrument des staatspolitischen Josefinismus zu machen: *Ecclesia instrumentum regiminis* – „Die (katholische) Kirche als Instrument des landesfürstlichen Regiments!"

In konsequenter Verfolgung dieser Politik hat Joseph II. während seiner Regierungszeit nicht weniger (sogar etwas mehr!) als 6000 Anordnungen in jenen kirchlichen Angelegenheiten erlassen, denen er weltlichen Charakter beimaß *(iura circa sacra)*. Verständlich, daß diese Bestrebungen zum Teil auf erbitterte Gegnerschaft reformunwilliger Kirchenkreise stießen, die sich im wesentlichen um den Wiener Erzbischof Kardinal Migazzi und um die Pfarre St. Stephan konzentrierten. Aufgeklärte Geister hingegen begrüßten diese Maßnahmen Josephs, weil sie einer kirchlichen Erneuerungsbewegung entsprachen und mit zahlreichen Mißständen aufräumten, die wenig oder gar nichts mit der Wahrung und der Pflege des Glaubens zu tun hatten. So brachten denn auch weite Teile des Klerus dem josephinischen Programm (mehr oder weniger) Verständnis und Billigung entgegen. Dazu gehörte etwa der Salzburger Landesherr, Fürsterzbischof Colloredo. Auch Leopold Mozart, zweifellos ein guter und frommer Katholik, dachte ähnlich. Und Apfel Wolfgang scheint, jedenfalls in diesem Punkte, nicht weit vom Stamm gefallen zu sein. Den Besuch Papst Pius' VI. in Wien, ein Jahrhundertereignis von enormer politisch-diplomatischer Brisanz, kommentierte er in einem Brief nach Salzburg vom 23. März 1782 recht kurz und trocken: *gestern Nachmittag um halb vier (ist) der Pabst hier angekommen – eine lustige* (!?) *Nachricht.* Ob er sich unter der vielköpfigen Menge befand, als Pius am Ostersonntag von der Kirche Am Hofe aus den Segen *urbi et orbi* spendete? Sein damaliges Domizil, das *Contrinische* Haus, stand ganz in der Nähe, am Graben. Praktischen Anschauungsunterricht in Sachen Josefinismus wird das Ehepaar Mozart auch im Dezember 1782 erhalten haben. Damals hob Joseph II. das Kloster der Theatiner neben der *Hohen Brücke* auf, in welchem Wolfgang und Konstanze am 2. August *so innig gebetet* hatten. Die beiden lebten damals nur wenige Meter entfernt im *Kleinen Herbersteinschen Haus* in der Wipplingerstraße.

5. Einige Bestimmungen von außerordentlicher rechtspolitischer Bedeutung brachte gut drei Jahre nach dem Ehepatent das Erbfolgepatent vom 11. Mai 1786. Es beseitigte die zahlreichen partikulären Erbfolgeordnungen und erließ *zum gemeinschaftlichen Besten der Unterthanen ... in den gesamten deutschen Erbländern eine allgemeine, für alle Stände ohne Unterschied gleiche Ordnung der gesetzlichen Erbfolge des frei vererblichen Vermögens.* Demnach waren nacheinander zur Erbschaft berufen: die Abkömmlinge des Erblassers; die Eltern des Erblassers und deren Abkömmlinge; die Großeltern des Erblassers und deren Abkömmlinge; ... usw. bis zu den dritten Urgroßeltern und deren Abkömmlingen. Witwer oder Witwe kamen erst zum Zuge, wenn kein Angehöriger des Erblassers aus diesen *sechs Linien* vorhanden war. Allerdings gebührte dem überlebenden Ehegatten ein – nicht als Erbrecht verstandenes – Fruchtgenußrecht an einer Quote des Nachlasses, die bei drei oder mehr gemeinsamen Kindern einen Kopfteil, bei weniger als drei Kindern ein Viertel des hinterlassenen Vermögens betrug. Davon abgesehen waren Witwe oder Witwer auf die *Heuraths-Sprüche*, also auf etwaige Forderungen aus dem ehelichen Güterrecht, verwiesen.

6. Eine umfassende Kodifikation des Privatrechts kam unter Joseph II. ebensowenig zustande wie unter Maria Theresia. Immerhin erging kurz nach dem Erbfolgepatent, und zwar am 1. November 1786, das Allgemeine Bürgerliche Gesetzbuch, das am 1. Januar 1787 für die *gesamten Erbländer* in Kraft trat. Dieses Josephinische Gesetzbuch (JosGB) ist Torso geblieben, da es nur Personen-, Ehe-, Ehegüter-, Kindschafts- sowie Vormundschaftsrecht enthielt. Doch handelte es sich dabei um jene Rechtsgebiete, die entscheidend und richtungweisend waren für die Verwirklichung aufklärerischer Ideen im Verhältnis Staat – Familie – Individuum.

Erfolgreicher als im Zivilrecht war der josephinische Gesetzgeber auf dem Gebiete des Verfahrensrechtes und der Gerichtsorganisation. Zu nennen sind die Allgemeine Gerichtsordnung (AGO) und die Konkursordnung von 1781 sowie die – nach Ländern getrennten – Jurisdiktionsnormen von 1783. Ergänzend trat 1785 eine den inneren Justizbetrieb regelnde *Gerichtsinstruction* hinzu. Besondere Bedeutung kam der Durchforstung und Straffung der im Laufe der Zeit wild ausgewucherten Gerichtsstellen zu. Sie erfolgte für Wien im Jahre 1783, als Joseph II. *in Fortsetzung des Justiz-Regulierungs-Systems* Stadtgericht und Stadtsenat in den – in der Theorie bürgerlichen, *de facto* aber vom Landesherrn abhängigen – Magistrat fusionierte. Dieser stand unter der allgemeinen Führung des Bürgermeisters und gliederte sich in drei voneinander unabhängige Senate. Davon war der erste unter dem unmittelbaren Vorsitz des Bürgermeisters für die politische und wirtschaftliche Verwaltung zuständig *(Senatus in publico-politicis et oeconomicis)*; der zweite unter Leitung eines Vizebürgermeisters für die Zivilgerichtsbarkeit *(Senatus in iudicialibus civilibus)*; und der dritte, ebenfalls unter Leitung eines Vizebürgermeisters, für die Strafgerichtsbarkeit *(Senatus in iudicialibus criminalibus)*. Damit war ein neues, bis 1848 existierendes *forum non nobilium* ge-

Graufame Mordthat so in Wien geschehen den 29ᵗᵉⁿ

21 Flugblatt über die Mordtat und der Hinrichtung Franz Zahlheims

schaffen; für Adelige bestand weiterhin das Niederösterreichische Landrecht als Gericht erster Instanz.

7. War die Privatrechtskodifikation Stückwerk geblieben, so gelangen Joseph und seinen Beratern im Bereich des Strafrechts und des Strafprozeßrechts grundlegende und richtungweisende Reformgesetze. Dabei ging es um die Ablöse der von Naturrecht und Aufklärung noch gänzlich unberührten Theresianischen Halsgerichtsordnung (*Constitutio Criminalis Theresiana* – CCTh) von 1768. Schon 1781 begannen entsprechende Beratungen. Sie führten zunächst zum *Allgemeinen Gesetzbuch über Verbrechen und deren Bestrafung* von 1787 und im Jahre darauf zur Kriminalgerichtsordnung von 1788. Beide Kodifikationen stellten einen wesentlichen Fortschritt auf dem Wege von der mittelalterlichen zur neuzeitlichen Strafrechts-

pflege dar, wenn sie auch nicht in allen Punkten an heutigen Vorstellungen gemessen werden dürfen. Das gilt insbesondere für das Strafensystem der *Josephina.* Sie kannte zwar, vom standrechtlichen Verfahren abgesehen, keine Todesstrafe, wollte diese aber durch *solche Züchtigungen* ersetzen, welche weit *schröckbarer und empfindlicher als der Tod selbst sind.* Dementsprechend ordnete Joseph an, daß alle zu schwerem Gefängnis und öffentlicher Arbeit Verurteilten zum *Schiffsziehen nach Ungarn* zu schicken seien. Auch sonst sah das josephinische StGB harte, im Zeitalter der Aufklärung zum Teil deplaziert wirkende Strafen vor. Ein deutliches Indiz dafür, daß Aufgeklärtheit des Gesetzgebers nicht automatisch gleichzusetzen ist mit Humanisierung der Strafrechtspflege.

Ein spektakuläres Beispiel dazu bot der Fall Zahlheim, der noch vor dem Inkrafttreten des neues Strafgesetzes die Gemüter erregte. Franz Zaglauer von Zahlheim, ein unbedeutender Vertreter des Beamtenadels, hatte sich in Schulden gestürzt und seine Freundin oder Bekannte, eine ältere Dame zweifelhaften Rufes, in Raubabsicht ermordet. Darauf stand nach Art. 90 § 8 der CCTh die Strafe des Räderns. Obgleich Joseph II. seit 1781 die Todesstrafe nicht mehr hatte vollstrecken lassen, beharrte er im Falle Zahlheim auf der Vorschrift der *Nemesis Theresiana.* Ihr folgend sollte *der wegen Diebstahl und Meuchelmord processirte Franz Zaglauer von Zahlheim des Adels für seine Person entsetzet, sohin auf den Hohen Markt, und die sogenannte Schranne geführt, nach ihm allda angekündigten Urtheil auf den Hohen Wagen gesetzet, und ihm in die rechte Brust ein Zwick mit glühenden Zangen, sodann auf der Freyung ein eben gleicher Zwick in die linke Brust gegeben, sofort auf die gewöhnliche Richtstätte geführt und dort von unten hinauf mit dem Rade vom Leben zum Tode hingerichtet, dessen Körper auf das Rad geflochten und darüber ein Galgen mit herabhangendem Strange aufgerichtet werden.* Der Fall erregte ungeheures Aufsehen, weniger wegen der Tat als wegen des

22 Mozart in der Loge „Zur Neugekrönten Hoffnung"

Urteils – und wegen der Rolle, die Joseph II. dabei spielte. Vielfach wertete man die Entscheidung des Kaisers als Signal eines neuen, härteren Kurses und/oder als Wendepunkt in seiner Reformpolitik.

Die Frage ist, ob Mozart von dieser *cause célèbre* des josephinischen Wien Kenntnis nahm. Er war am Tage der Hinrichtung Zahlheims, dem 10. März 1786, in Wien und wohnte in der Großen Schulerstraße, Stadt Nr. 845 (heute: I., Schulerstraße 8 = Domgasse 5), also nur ein paar hundert Meter vom Hohen Markt entfernt. Er wird wohl das Spektakel der öffentlichen Hinrichtung wenn schon nicht persönlich verfolgt, so doch aus der Nähe mitbekommen haben. In seiner Musik allerdings scheinen die erregenden Ereignisse dieses Tages keinen Widerhall gefunden zu haben.

8. Dies leitet über zu der allgemeinen Frage nach dem Grad von Mozarts Anteilnahme am rechtlichen und politischen Leben seiner Zeit. Juristische Detail- oder Spezialkenntnisse hat er gewiß nicht besessen; sie werden ihn auch nicht interessiert haben. Daß er aber als musikalisches Genie ständig in „höheren Sphären" geschwebt wäre, ist ebensowenig zutreffend. Die Erfordernisse des täglichen Lebens, die häufigen Wohnungswechsel und der „ewige" Kampf um Geld und Aufträge, um Mäzene und feste Anstellung, aber auch der ständige Abwehrkampf gegen ungeduldige Gläubiger und lästige Mahnungen dürften bald und drastisch für praktischen Anschauungsunterricht in rechtlichen und wirtschaftlichen Angelegenheiten gesorgt haben. Die Gefährlichkeit von Schuldverschreibungen und Wechselverbindlichkeiten hat der „freie Musikschaffende" bald aus bitterer Erfahrung kennen, wenn auch nicht zu meiden gelernt; ebenso, wenn man neueren Theorien glauben darf, nicht die drückende Last von Ehrenschulden im Sinne von Spiel- und/oder Spekulationsverlusten. Über den Schutz des geistigen Eigentums, besonders auch musikalischer Urheberrechte, hat sich Mozart, wie wir wissen, aus eigenen Erfahrungen heraus Gedanken gemacht – und zwar zu einer Zeit, als Tantiemen für musikalische Werke noch in weiter Ferne lagen. Er hat sich mit Selbstverlag und Verkauf von Noten u.ä. schadlos gehalten.

9. Ob und gegebenenfalls bei welchen Gelegenheiten und in welchem Ausmaße Mozart an der großen Politik Anteil genommen hat, ist schwer zu sagen. Gewiß hat er, der mit vielen Menschen aus verschiedenen Bevölkerungsschichten gesellschaftlichen Kontakt hatte, die Entwicklungen in groben Zügen „mitbekommen". Im Verkehr mit Hofleuten und Adeligen, mit wichtigen Zeitgenossen wie Gottfried van Swieten, Joseph von Sonnenfels, Graf Cobenzl u.v.a. werden wohl nicht nur musikalische Themen, sondern auch aktuelle Zustände und Entwicklungen zur Sprache gekommen sein – und wenn auch nur im Rahmen gesellschaftlichen Smalltalks.

Dies muß besonders für Mozarts Logenarbeit gelten, die er von 1784/85 an bis zu seinem Tode ernsthaft betrieb und auch nicht reduzierte oder gar aufgab, als sie zunehmend ins Zwielicht geriet. Man sah im Maurertum eine Art „Staat im Staate", in dem nicht nur *vernünftige Aufklärung und thätige Menschenliebe* betrieben, sondern auch staats- und monarchiefeindliche Ideen vertreten und propagiert wurden. Spätestens seit der Revolution in Frankreich lagen daher die Logen und alle anderen *geheimen Gesellschaften und Winkelclubs* im Visier der (Geheim-)Polizei. Umso erstaunlicher, daß Mozart keine Bedenken hatte, gemeinsam mit seinem Freunde Stadler das Projekt einer Geheimgesellschaft namens *Grotta* zu entwickeln. Über Entstehungszeit und Zielsetzung dieses seltsamen Unterfangens ist kaum etwas bekannt. Einziger Hinweis sind zwei Bemerkungen der Witwe Mozart in Briefen an den Verlag Breitkopf & Härtel vom 27. November 1799 und vom 21. Juli 1800. In letzterem heißt es: *Ich leihe Ihnen hiemit zum Gebrauch für die biographie ... 1. einen Aufsaz größtentheils in der handschrift meines Mannes, von einem Orden oder Geselschaft, die er errichten wollte: Grotta genannt. Ich kann nicht mehr Erläuterung schaffen. Der hiesige Hofclarinettist Stadler der ältere, der den Rest geschriben, könnte es, trägt aber Bedenken zu gestehen, daß er darum weiß, weil die Ordens und geheime Geselschaften so sehr verhaßt sind.* Ob es sich bei *La Grotta* um einen Scherz (wie viele meinen), einen politischen Club (eher unwahrscheinlich) oder (am ehesten) um die Neu-(Tochter-)Gründung einer Freimaurerloge handelte, ist unklar. Der Plan zeigt jedenfalls, daß Mozart sich im Kreise gleichgesinnter Männer wohl fühlte und daß ihm das Ordensleben am Herzen lag. Tatsächlich war er im beruflichen wie im privaten Bereich von zahlreichen *Brüdern* umgeben. Darunter befanden sich wichtige politische Amtsträger aus Kreisen des Adels, später überwiegend Vertreter der bürgerlichen Intelligenz. Es war unausweichlich, daß in diesen Zirkeln auch politische Themen besprochen und diskutiert wurden, etwa die Zensur und dann besonders die Ereignisse in Frankreich. Dabei handelte es sich ohne Zweifel um „heiße Eisen", deren Behandlung in der politisch aufgeladenen Atmosphäre jener Jahre mancherlei Gefahren mit sich brachte. Wie leicht man vom Strudel der Ereignisse erfaßt werden konnte, zeigt das Beispiel Franz Xaver Süßmayers, des Schülers und Adlatus' Mozarts. Er wurde 1795 als Zeuge zu einem Verfahren geladen, in dem es um den Verdacht staatswidriger Reden und der Verbreitung von Literatur gegen Staat, Monarchie sowie Religion ging. Angeklagt war u.a. Ignaz Steindl, Wirt des Bierhauses *Zum grünen Baum*, unmittelbar gegenüber dem Theater auf der Wieden, wo Süßmayer Musikdirektor war. Das aufwendige Untersuchungsverfahren läßt deutlich die unzufriedene, vielleicht sogar revolutionäre Stimmung erkennen, die damals in den unteren Bevölkerungskreisen herrschte. Gewiß hat auch Mozart in geselliger Runde von Theaterleuten und (Bohemien-)Freunden, bei Kegelabenden und ausgelassenen Gastereien die eine oder andere regimekritische Bemerkung aufgeschnappt. Aber im großen und ganzen galt er als politisch „unauffällig". Das trifft auch auf seine Bücher zu, die im Zuge der Verlassenschaftsabhandlung verzeichnet wurden.

10. Bleibt ein Blick auf den privaten Bereich. Er war nicht ohne Turbulenzen, mit vielen Höhe-, aber auch zahlreichen Tiefpunkten. Kinderlachen, Kinderweinen, Kindersterben. Von sechs gingen vier bald dahin, und zu keiner Zeit waren mehr als zwei am Leben. Doch das Liebesleben der Mozarts blieb intakt. Briefe und Kurznachrichten mit zärtlichem, liebevollem, heiterem und besorgtem Inhalt, aber auch mit erotisch-frivolen Passagen *en masse* an Konstanze. Seitensprünge nicht ausgeschlossen, einige des Ehemannes, der eine oder andere wohl auch von Frau Mozart. Sie stellten keine ernsthafte

Belastung der Ehe dar. Eher schon die Probleme des Alltags:
Wohnungswechsel, Krankheiten und Schulden, Schulden,
Schulden. Loch auf, Loch zu! Mozart, der zeitweise viel verdiente, konnte mit Geld nicht umgehen, und Konstanze war –
damals noch – zu jung und zu unerfahren und auch nicht
energisch genug, um dem lockeren Treiben Einhalt zu gebie-
ten. Daß sie mit ihren Ansprüchen und Kuraufenthalten den
finanziellen Absturz der Familie bewirkt hätte, ist nicht zu be-
legen, auch unwahrscheinlich. Es war wohl doch der Maestro
selbst für das pekuniäre Chaos der Jahre 1789 ff verantwort-
lich, zumindest in der Hauptsache. Seine Lebenskerze brannte,
wie man so sagt, an beiden Enden. Sie gab ein helles Licht,
verzehrte sich aber bald und vorzeitig in rastlosem Streben
und Mühen nach Ruhm und Erfolg, nach Geld und Genuß.

23 Detail aus einem Vogelschauplan Wiens, um 1770. Die Pfeilmarke zeigt auf
das Haus Rauhensteingasse 970, Mozarts letzte Wohnung.

III. Verlassenschaft

Das Vermögen wird in Rücksicht
der minderjährigen Kinder und Intestaterben
gerichtlich zu inventiren seyn, worüber man
aber vorläufig die löbliche Rathsverordnung
erwarthet. Übrigens ist die Sperr sogleich ange-
thann worden.

Todfallsaufnahme

1. Mozarts letzte Krankheit begann am 20. November 1791 aus vollem Wohlbefinden heraus *mit Geschwulst an Händen und Füßen und einer beinahe gänzlichen Unbeweglichkeit derselben, der später plötzliches Erbrechen folgte.* Hinzu kamen starkes Fieber und Schweißausbrüche, die – unter den damaligen hygienischen Verhältnissen – zu bläschenartigen Hautausschlägen führten. Nach heutigem Forschungsstand handelte es sich um einen akuten Schub einer rheumatischen Gelenksentzündung, an welcher der Patient schon in der Kindheit mehrmals erkrankt war. Daß dieses Leiden in der kurzen Zeit von 15 Tagen zum Tode führte, dürfte u.a. auf die damals in der Wiener Medizinischen Schule übliche Aderlaßbehandlung zurückzuführen sein. Einem schweren Fieberanfall am Abend des 4. Dezember und einem weiteren Aderlaß war der kleine, durch hohe Temperatur und Schweißausbrüche geschwächte und extrem flüssigkeitsverarmte Körper nicht gewachsen. Der 35jährige fiel in Bewußtlosigkeit, *aus der er nicht wieder zu sich kam.* Kurz vor 1 Uhr früh am 5. Dezember, einem Montag, trat der Exitus ein. Todesursache laut Totenbeschauprotokoll: *hitziges Frieselfieber,* Sterbewohnung: *Rauhensteingasse im kleinen Kaiserhaus,* Stadt Nr. 970, 2. Stock.

2. Die Vorgänge der folgenden Stunden sind nur in groben Umrissen zu rekonstruieren. Wenn Konstanzes Schwester Sophie 34 Jahre später berichtet, daß *den Tag auf die schauervolle Nacht die Menschen scharenweise vorbeigingen und laut um Mozart weinten und schrieen,* so ist dies gewiß übertrieben. Zweifellos aber herrschte in der Sterbewohnung reges Kommen und Gehen von Freunden, Bekannten, Ärzten und Amtspersonen. Zum Todeszeitpunkt waren im Kleinen Kaiserhaus jedenfalls Frau Mozart, deren beide Söhne Karl und Wolfgang sowie Schwester Sophie anwesend. Ob es dieser gelungen war, bei St. Peter (warum nicht St. Stephan?) einen Priester für den Sterbenden aufzutreiben, ist ungeklärt. Ebenso die Frage, ob Franz Xaver Süßmayer, der kurz vor Mitternacht am Krankenbett weilte, bis zum Ende ausharrte. Dr. Thomas Closset, einer der behandelnden Ärzte, wurde nach langem Suchen im Theater gefunden, mußte aber (als Theaterarzt?) bis zum Schluß der Vorstellung bleiben. Als er endlich in der Rauhensteingasse eintraf, verordnete er seinem vom Tode gezeichneten Patienten *kalte Umschläge über seinem glühenden Kopf,* welche Mozart so erschütterten, *daß er nicht mehr zu sich kam, bis er verschieden.* Kurz danach erschien Joseph Graf Deym von Stržitež, der unter dem Namen Müller ein Panoptikum betrieb, und nahm dem Verstorbenen die Totenmaske ab, indem er dessen *bleiches erstorbenes Gesicht in Gips abdrückte.* In den frühen Morgenstunden wird auch der amtliche Totenbeschauer seiner Aufgabe nachgekommen sein. Er bemerkte nichts Außergewöhnliches an der Leiche. Ebenso nicht der praktische Arzt Dr. Eduard Guldener von Lobes, später Stadtphysikus von Wien, der – nach einem Bericht von 1824 – den *Körper nach dem Tode* mit eigenen Augen sah und keine *Erscheinungen außer den in solchen Fällen gewöhnlichen* feststellte. Eine Leichenöffnung wurde weder angeordnet noch vorgenommen. Warum auch!

Während die Witwe einen Weinkrampf und/oder einen Nervenzusammenbruch erlitt, kümmerte sich ein Faktotum des Hauses um den Toten. Joseph Deiner, Kellner und/oder Hausbursch in Mozarts Stammlokal *Zur silbernen Schlange* in der Kärntnerstraße, wusch die Leiche, zog ihr das schwarze Gewand der Totenbruderschaft über und bahrte sie – im Arbeitszimmer neben dem Piano? – auf. Trost und Beistand scheint auch Odilo Goldhahn gespendet zu haben, ein Bekannter der Mozarts. Er und seine Tochter Nannette werden kurz in Briefen des Jahres 1791 erwähnt. Ruhender Pol im Trubel des Sterbehauses dürfte Baron van Swieten gewesen sein.

3. Gottfried van Swieten, Sohn des Leibarztes und wichtigen Beraters Maria Theresias, stand seinem berühmten Vater Gerard kaum nach. Als Direktor der Hofbibliothek und – seit 1781 – als Leiter der Studien- und Bücherzensur-Hofstelle saß der hervorragende Bibliothekswissenschaftler und Diplomat an einem wichtigen Schalthebel des josephinischen Rechts- und Geisteslebens. Gleichzeitig wirkte er als Komponist und Musikmäzen von hohen Graden. Als solcher hat er auch Mozarts Tätigkeit in Wien von den Anfängen an begleitet und gefördert. Ende 1791 neigte sich seine politische Karriere dem Ende zu. In einem Konflikt mit Karl Freiherrn von Martini um die Gestaltung der Universitätsstudien entschied Leopold II. für letzteren. Van Swietens Entlassung aus der Studienhofkommission war spätestens seit Mitte Oktober des Jahres beschlossene Sache. Sie erfolgte am 5. Dezember durch ein *in gnädigen Ausdrücken* gehaltenes Handbillet des Kaisers. Der Baron war von der Verabschiedung nicht überrascht, aber zutiefst enttäuscht. Seine Befindlichkeit Anfang Dezember wird daher nicht die beste gewesen sein. Umso höher sind ihm die Fürsorge und die praktisch-tätige Hilfe anzurechnen, die er der Witwe Mozart in jenen für sie so schweren Stunden und Tagen

24 Gottfried Bernhard
Freiherr van Swieten

erwies. Er half wahrscheinlich mit Bargeld aus und traf die notwendigen Anordnungen und Vorkehrungen für das Leichenbegängnis.

4. Das Bestattungswesen zählte zu jenen Materien, die Joseph II. besonders radikal und innerhalb kürzester Zeit im Sinne aufklärerischer Strömungen und Forderungen umgestaltete. Es ging im wesentlichen darum, die *pompes funebres* aus dem Kontext barocker Jenseitsvorstellungen herauszulösen und in einen von Nützlichkeitserwägungen bestimmten säkularen Vorgang umzuwandeln. Sanitätspolizeilich-hygienische Überlegungen spielten dabei ebenso eine Rolle wie politische Argumente. Es sollten die unterschiedlichen und zum Teil sehr hohen Gebühren vereinheitlicht und auch Armen ein anständiges (christliches) Leichenbegängnis gesichert werden. Zu diesem Zwecke „überschüttete" Joseph II. seine Untertanen mit einer Fülle von einschlägigen Hofdekreten und Patenten, unter denen für Wien vor allem die *Stolordnung* von 1782 und die Begräbnis- und Friedhofsordnung von 1784 zu nennen sind. Zwar mußten manche der in diesen Vorschriften getroffenen Neuerungen – wie zum Beispiel das berühmt-berüchtigte „Sackbegräbnis" – wegen des erbitterten Widerstandes der Bevölkerung und/oder der Geistlichkeit bald wieder zurückgenommen oder abgeschwächt werden; doch in den Grundzügen blieben josephinisches Bestattungs- und Friedhofsrecht bis weit in das 19. Jahrhundert hinein bestehen.

Demnach zerfiel 1791 ein *Leichenbegängnis* in folgende Abschnitte: Überführung (Geleit, Kondukt) vom Sterbehaus zur Kirche; Einsegnung in der Kirche und Beisetzung (!) in deren Totenkammer oder Totenkapelle; Überführung auf den Friedhof und Beerdigung. Während heute das Schwergewicht der Bestattungsfeierlichkeiten auf dem Friedhof liegt, standen im josephinischen Wien die beiden ersten Abschnitte im Vordergrund. Die Überführung auf den Kirchhof und die Beerdigung stellten nur den letzten und im Grunde bedeutungslosen Akt dar, welcher in der Regel ohne Beteiligung der Trauergemeinde vor sich ging. Schon 1782 hatte Joseph II. Grablegungen in Kirchen-, Kloster-, Spital- oder Familiengrüften wegen der *schädlichen Ausdünstungen* untersagt. Seither mußten, von Ausnahmen abgesehen, die Beerdigungen in einem allgemeinen Grab auf einem der außerhalb des Linienwalls neu angelegten Friedhöfe erfolgen und die Leichen zu diesem Behufe *zur Nachtzeit in die Vorstadtfriedhöfe* geführt werden. Dort wurden sie vom Totengräber ohne jede weitere Zeremonie der Erde übergeben. Eine Differenzierung nach Klassen war seither praktisch nur beim Kondukt und bei der Einsegnung gegeben. Zur Wahl standen nach der Stolordnung von 1782: die erste Klasse *mit großem Geleit* zu 66 fl 48 kr; die zweite Klasse mit *dem mitlern und kleinen Geleit* zu 37 fl 6 kr; und die dritte Klasse *mit dem kleinsten Geleite* zu 8 fl 56 kr. Auch das Leichen-

Stollordnung

Stollord-
nung für]
Wien und
deſſen Vor-
ſtädte.

für Wien und die innerhalb der Linie
liegenden Vorſtädte und Ortſchaften

Erſte Abtheilung.

Bei den drei Hauptpfarren in der Stadt,
nämlich zu St. Stephan, St. Michael, und
zu den Schotten.

Rubrica I.

Von dem Leichbegängniſſe einer Perſon über
15 Jahre.

———

Erſte Klaſſe.

Mit dem groſſen Geleite (Kondukt)

(...)

Zweite Klaſſe.

Mit dem mittlern und kleinen Geleite.

(...)

Dritte Klaſſe.

25 Stolordnung vom 25. Januar 1782

begängnis dritter Klasse war kein Armenbegräbnis. Es bestand
aus folgenden „Leistungen":

Für das Geläut	1" -
Für die Grabstätte auf dem Kirchhofe	1" -
Den Priester, welcher die Leiche einsegnet	1" -
Für das Bahrtuch samt dem dazugehörigen Kruzifix	
oder Pfarrbilde	1" -
Den Messner und Kirchendiener	0"30
Für 4 Träger samt Mänteln	2" -
4 Knaben samt Kutten	0"24
Für 4 Windlichter	1"20
Für Totengräber	0"30
Für den Kreuzträger	0"12
	8"56

Bei alledem stellte diese Variante den Normalfall für den größten Teil der Bevölkerung dar. Dazu ein Beispiel: Von den zehn
unter dem 6. Dezember 1791 im Bahrleihbuch der Pfarre St. Stephan verzeichneten Einträgen betreffen sechs eine Bestattung
dritter Klasse. Drei weitere Begängnisse erfolgten *gratis,* was
nach der Stolordnung 1782 bei *armen Leuten, welcher außer weni-
gem Hausgeräthe nichts verlassen* und deren Mittellosigkeit durch
entsprechende Zeugnisse nachgewiesen war, zu geschehen hatte.
Nur ein 9jähriges Mädchen, Anna Edle von Brée, eines Offizials
der *k.k. Principal-Commission* zu Regensburg hinterlassene Tochter, erhielt ein „Begräbnis" zweiter Klasse zu Gesamtkosten von
8 fl 29 kr. Das entsprach jenem Betrag, den die Stolordnung für
das *Leichenbegängniß einer Person von sieben bis fünfzehn Jahren aus
einer Stadtpfarre in die Vorstadt* festgesetzt hatte. Wenn also van
Swieten am 5. Dezember für Mozart ein Leichenbegängnis dritter Klasse bestellte, so war das nichts Ungewöhnliches oder
Pietätloses. Angesichts des Alters und des Standes des Toten sowie im Hinblick auf die triste Vermögenslage der Witwe, welche
durchaus die Möglichkeit eines Nachlaßkonkurses in sich barg,
war diese Entscheidung wohl die einzig richtige und tunliche.

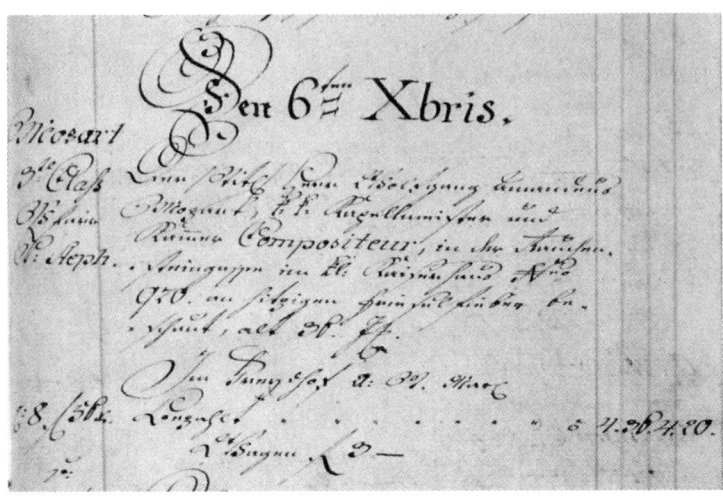

		Parth.	Kirch.
	Den 6ten Xbris	*fl. x*	*fl. x*

Mozart   *Der /Titl/ Herr Wolfgang Amadeus*
3te Class   *Mozart, k.k. Kapellmeister und*
Pfarr   *Kamer Compositeur, in der*
St. Steph.   *Rauchensteingasse im kl. Kaiserhaus*
           N^{ro} 970. an hitzigen Frieselfieber
           beschaut, alt 36 Jh.
               Im Freydhof A. St. Marx
C:8fl. 56 x   *Bezahlt...4 36 4 20*
           Wagen f. 3 –

26 Eintrag in das Bahrleihbuch vom 6. Dezember 1791

27 Stephansplatz mit dem zweistöckigen Bahrleihhaus, daran anschließend
Mesner- und Kantorhaus

Sterbefälle im Hause Rauhensteingasse Stadt Nr. 970 fielen
in die Kompetenz der Pfarre St. Stephan. Ihr zugeordnet war
seit der Friedhofsreform 1784 der *Freydthof außer St.
Marx*, der überdies die Verstorbenen einer Reihe anderer städtischer und
vorstädtischer Pfarren aufzunehmen hatte. Die praktischen
Vorbereitungen zur Bestattung besorgte das *Baarausleiheramt*,
das in einem zweistöckigen Gebäude zwischen dem Dom
(Riesentor) und dem Erzbischöflichen Palais untergebracht
war. Der Kondukt Mozarts vom Sterbehaus nach St. Stephan
dürfte am frühen Nachmittag des 6. Dezember erfolgt sein.
Dort schlossen sich Einsegnung und Beisetzung des Verstorbenen in der Totenkapelle an. Am Abend führte man die Leiche nach St. Marx. Van Swieten (oder Konstanze) hatte dafür
einen Wagen *bey einer Nachtleiche mit zwey Pferden* um 3 fl gemietet. So blieb Mozart ein „Massentransport" erspart. Außerdem bedeutete dies, daß er in einer eigenen *Totentruhe* und
nicht etwa in einem Sack auf den Gottesacker transportiert

wurde. Ob er vom Totengräber noch am selben Tage oder erst am Mittwoch, dem 7. Dezember, bestattet wurde, ist unklar.

5. Irgendwann am Vormittag des Sterbetages muß der magistratische *Sperrs-Kommißär* Dominic Crammer in der Rauhensteingasse erschienen sein, um die Todfallsaufnahme durchzuführen, die erste Amtshandlung in der Verlassenschaftsabhandlung nach dem *k.k. Hofkompositeur und Capellmeister* Wolfgang Amadeus Mozart. Das in Abhandlungssachen zu beachtende Verfahren war zuletzt durch die *Allgemeine Gerichtsinstruction* für die böhmisch-österreichischen Erbländer vom 9. September 1785 geregelt worden. Im 5. Abschnitt der II. Abteilung handelte sie in den §§ 25 – 44 *vom Benehmen der ersten Instanzen in Abhandlungssachen.* Die Regelung war dürftig und betraf überwiegend den „äußeren Dienst" der Justizstellen (erster Instanz), nicht oder nur ausnahmsweise materiellrechtliche Fragen. Dennoch läßt sie deutlich jene Grundsätze erkennen, die damals das Nachlaßverfahren beherrschten: Oberstes Ziel war es, den ausgesprochenen oder vermuteten Willen des Erblassers zu erforschen und – von Amts wegen! – dafür Sorge zu tragen, daß jeder Beteiligte das ihm aus dem Nachlaß Gebührende erhalte. Das waren Erben und Legatare, dann die Erbschaftsgläubiger und – nicht zu vergessen – die Obrigkeit (der Fiskus) im Hinblick auf die *Erbsteuer* und sonstige Todfalls-Abgaben. Unter dieser Zielsetzung hatte sich die Verlassenschaftsabhandlung spätestens seit dem ausgehenden 17. Jahrhundert zu einem komplizierten Verfahren entwickelt, das der Ausmittlung und Befriedigung aller Ansprüche auf und an den Nachlaß und der Feststellung des behaupteten oder streitigen Erbrechts vor Einantwortung in den Nachlaß diente. In der Theorie erschien die Abhandlungspflege als Gegenstand kombinierter Bemühungen von Gericht und Erben; in der Praxis stand sie von Anfang bis Ende unter der dominierenden Leitung und Kontrolle des

Gerichts, das sich der Erben (oder deren Vertreter) gleichsam als Hilfspersonen zur Durchführung des Abhandlungsgeschäfts bediente. Die Instruktion von 1785 markierte den Schluß- und zugleich Höhepunkt dieser Entwicklung.

Zuständig für das *Kleine Kaiserhaus* in der Rauhensteingasse und für seine Bewohner war die Stadt Wien, die ihre Herrschaft durch den Magistrat wahrnahm. Die Abhandlungspflege fiel in die Kompetenz des seit der Reform des Jahres 1783 bestehenden magistratischen Zivilgerichts, des *Senatus in iudicialibus civilibus,* der seinen Sitz im (Alten) Rathaus in der Wipplingerstraße hatte. Dominic Crammer war einer der 36 systematisierten *Kanzlisten* des Magistrats. Er wohnte auf der Wieden Nr. 90 im Starhembergschen Freihaus.

6. Die Todfallsaufnahme erfolgte in Anwesenheit der Witwe (und des in einem der Zimmer aufgebahrten Verstorbenen). Als Zeuge fungierte Odilo Goldhahn, der entweder schon vorher oder spätestens mit dem Sperrs-Kommissär gekommen war. In diesem ersten Verfahrensschritt ging es – neben der Erhebung der üblichen Personaldaten – primär darum, eine etwa vorhandene letztwillige Verfügung oder einen *Heuraths-Brief* sicherzustellen und als Erben in Betracht kommende Personen, minderjährige Kinder vor allem, zu verzeichnen. Außerdem war an dem beweglichen Vermögen des Verstorbenen die *Sperre* anzulegen. Zweck dieser Maßnahme war es, den Nachlaß für die Dauer der Verlassenschaftsabhandlung „ruhig zu stellen", sodaß Verfügungen über Nachlaßgegenstände nicht oder nur mit Zustimmung der Abhandlungsbehörde möglich waren. Die *Nachlaßsperre* konnte auf zweierlei Art erfolgen: Die *enge Sperr* war anzulegen, wenn sich *niemand Vertrauter der Verlassenschaft annehme und andere Gefährde unterwalten* (II § 31). In diesem Falle mußte *die gesammte Verlassenschaft ... in ein ... oder mehrere Zimmer von allen Seiten wohl verschlossen ... mittels Aufdruckung des Amtsin-*

Sperrs=RELATION.

Toden=Fall.

[handwritten]

Namen des verstorbenen *[handwritten: H. Wolfgang Amadeus Mozart]*

Condition *[handwritten]*

Stand *[handwritten] Alter 36 Jahre*

Wohnung *[handwritten: N° 970 ...]*

Sterb=Tag *[handwritten: den 5ten Dec: 791]*

Nachgelassener Ehegatt *[handwritten: Constanze]*

28 Sperrs-Relation

siegels so verwahret werden, daß niemand ... hinein kommen könne ...
(II § 32). Normalfall war die Anlegung der *Jurisdiktions-Sperre.*
Dies geschah in der Weise, daß *auf einem schicksamen Orte, wo der
Erbe in dem Besitze des Verlassenschafts-Vermögens nicht gehindert
wird, das Amtsinsiegel aufgedrückt* wurde – *zum Zeichen des einge-
schrittenen gerichtlichen Amtes* (II § 28). Im Hause Mozart, in dem
als *vertraute Person* die Witwe vorhanden war, „genügte" die Jurisdiktionssperre. Sie wurde *übrigens sogleich angetan.* Wo genau
Crammer sie anbrachte, wissen wir nicht. Wahrscheinlich an einem der in der Wohnung stehenden Kästen. So jedenfalls war
die Obrigkeit am 17. März 1779 vorgegangen, und zwar bei Anlegung der *Sperr* nach dem Tode der Sängerin Anna Maria
Schindler, der ersten Frau Joseph Langes.

7. Der Bericht Crammers an den magistratischen Zivilsenat,
die sogenannte *Sperrs-Relation,* erging auf einem amtlichen
Vordruck im Folioformat. Er lautete (Vorgedrucktes in Fett-
druck, Abkürzungen aufgelöst, Text leicht modernisiert):

Seite 1:
Sperrs-Relation

Todenfall
In der Stadt

Namen des verstorbenen *Herr Wolfgang Amadeus
Mozart*

Condition *k.k. Kapellmeister und KammerKom-
positor*

Stand *verheurathet, Alter 36 Jahre*

Wohnung *No. 970 in der Rauchensteingasse
im kleinen Kaiserhause*

Verlassenschaft

Sterb-Tag *der 5te Dezember 1791*

Nachgelassener Ehegatt *namens Konstanzia*

Seite 2:
Nachgelassene Kinder.
Großjährige, und wo selbe sich befinden. -

Minderjährige, und wo dieselbe sich befinden.
*2 leibliche, als Karl 7 Jahr, und Wolfgang 5 Monat
alt beide zu Hauss*

Ob ein Testament vorhanden: *Keines, doch ein
HeurathsBrief, dato 3. August 1782.*
Wo dasselbe befindlich. *in Handen der Frauen
Wittwe*

Nächste Anverwandte. *einen Gerhaben wird
die Frau Wittwe ehestens in Vorschlag bringen
NB: Gerhab Michael Puchberg k.k. privilegierter Niederlagsverwandter am Hohen Markt im gräfl. Walseggischen Haus*

Seite 3:
Das **Vermögen** *wird in Rücksicht
der minderjährigen Kinder und Intestaterben
gerichtlich zu inventiren seyn, worüber
man aber vorläufig die löbliche Rathsverordnung erwarthet. Übrigens ist
die Sperr sogleich angethann worden.*

Dominic Crammer m. p.
Sperrskommißär

Joseph Odilo Goldhann m. p.   *Constance Mozart m. p.*
als erbettener Zeug, jedoch   *née Weber m. p.*
ohne ein jeden Schaden oder Nachtheil

Die Altersangaben sind nach oben „aufgerundet". Mozart war
am 5. Dezember 1791 noch nicht ganz 36 Jahre alt, der kleine
Wolfgang erst 4 1/2, noch nicht fünf Monate. Das Wort *namens*
vor Konstanzia auf Seite 1 ist nachträglich gestrichen. Wann
auf Seite 2 der Zusatz über den *Gerhaben* hinzugefügt wurde,
ist nicht bekannt. Es dürfte wohl – mit anderer Hand (?) – um
den 20. Januar 1792 geschehen sein. Dabei wurde der Haus-
name zuerst mit *Walsekisch* angegeben, dann auf *Walseggisch*
verbessert. Es handelte sich um das Haus des Grafen Stupp-
pach-Walsegg auf dem Hohen Markt (heute: Wien I., Nr. 1),
des Bestellers des Requiems. Den Unterschriften wurde ge-
wöhnlich ein *manu propria (m.p.)* hinzugefügt. Odilo Goldhahn
versäumte nicht, die bei Zeugenschaft übliche salvatorische
Klausel *ohne Schaden oder Nachteil* beizusetzen.

Konstanze wird die Amtshandlung ziemlich apathisch über
sich haben ergehen lassen. Nachdem sie ihre Unterschrift unter die Sperrs-Relation gesetzt hatte, dürfte sie mit ihren Kindern zu Joseph von Bauernfeld gebracht worden sein, bald
darauf zu Goldhahn. Vielleicht hat dieser die verstörte Witwe
mit den Kindern auch direkt zu sich nach Hause mitgenom-
men. Dominic Crammer jedenfalls beeilte sich, seinen Bericht
dem magistratischen Zivilsenat abzuliefern. Es galt, Inventarisierung und Schätzung des Nachlasses in die Wege zu leiten.

Inventarisierung

1. Der Magistrat reagierte prompt. Am 9. Dezember erging die
Rathsverordnung, und noch am selben Tage, einem Freitag, fanden Inventarisierung und Schätzung über *Herrn Wolfgang Amadeus Mozart ... ab intestato seeligen Verlassenschaft* statt. Wieder fungierte Dominic Crammer als Gerichtsperson, und zwar
diesmal als *Magistratischer Sperrs- und Inventurskommißär.* Ihm

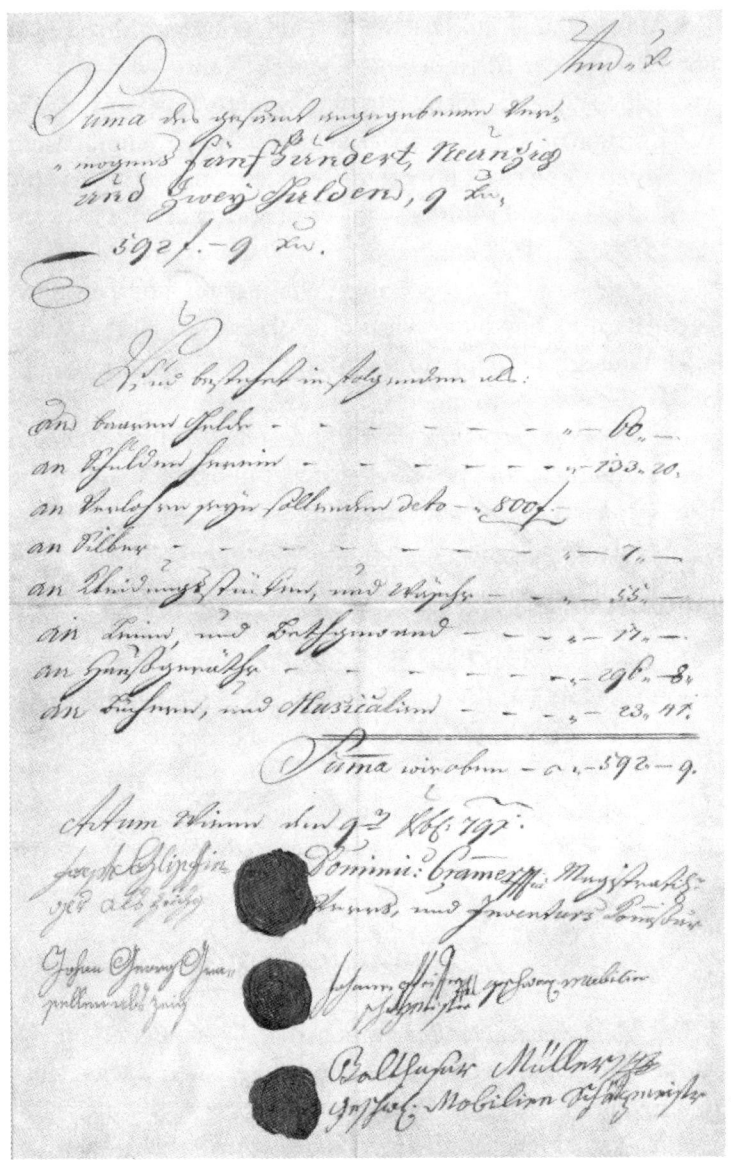

29 Verlassenschaftsakt Wolfgang Amadeus Mozarts, Inventar und Schätzung des Vermögens

zur Seite standen als *dazu gezogene Werkverständige* die *geschworenen Mobilien-Schätz-Meister* Johann Pfeiffer und Balthasar Müller. Als Zeugen waren zugegen Joseph Schlipffinger und Johann Georg Graseller. Anwesend war ferner die *Frau Witwe*. Das fünf Folio-Seiten umfassende Schriftstück verzeichnet der Reihe nach: Bargeld; ausständige Forderungen *(an Schulden herein)*; nicht einbringliche Forderungen *(an verlohrn seyn sollenden Schulden)*; Silber; Kleidungsstücke und Wäsche; Leinen und Bettgewand; dann – getrennt nach den Zimmern 1 bis 4, Küche und Vorraum – Hausgerät. Bücher und Musikalien fanden Aufnahme in eine besondere Liste.

Im Ergebnis ergibt sich folgendes Bild:

Summa des gesamt angegebenen Vermögens fünfhundertneunzig und zwey Gulden, 9 Kreuzer
592 fl 9x
und bestehet in folgenden als:

an baaren Gelde	*60" –*
an Schulden herein	*133" 20*
an verlohrn seyn sollenden deto 800 fl.	
an Silber	*7" –*
an Kleidungsstücken und Wäsche	*55" –*
an Leinn und Bethgewand	*17" –*
an Haußgeräthe	*296" –*
an Büchern und Musicalien	*23 "41*
Summa wie oben	*592 "09"*

Die Rechnung weist einen kleinen „Schönheitsfehler" auf: In der Rubrik *Haußgeräth* wurde auf 8 kr vergessen, weshalb zwar nicht die Summe von 592 fl 09 kr, wohl aber der Rechenvorgang als fehlerhaft erscheint. Nichtsdestoweniger hat die k.k. *Stadt Wiener Buchhalterei Direktion* Inventar und Schätzung am 19. Dezember geprüft und dem *Calculo gemäß richtig befunden.*

2. Von den am Todestage in der Wohnung vorhandenen 60 fl sind die *Leichen- und andere Kösten* bestritten worden. Jene beliefen sich nach der Stolordnung von 1782 für die Bestattung eines Erwachsenen in der 3. Klasse bei einer der Stadtpfarren auf 8 fl 56 kr. Hinzu kamen 3 fl für den Leichenwagen sowie der Werklohn oder der Kaufpreis für einen Sarg. Welche die anderen Kosten waren, ist unbekannt. In Betracht zu ziehen sind Arzthonorare, Behandlungskosten, Lebenshaltungskosten für die Tage unmittelbar vor und nach dem Tode Mozarts, Mietzins samt etwaigen Rückständen, Lohnforderungen des Dienstmädchens u.ä.

Bei den *Schulden herein,* also bei der ausständigen Forderung von 133 fl 20 kr, handelte es sich um Mozarts Gehaltsforderung an die Hofkammer für die Monate Oktober/November oder November/Dezember 1791. Die Summe stellt ein Sechstel des Jahresgehalts von 800 fl dar, ist aber insofern etwas zu hoch angegeben, als das Gehalt netto nur 760 fl betrug. Der Besoldungsrückstand wäre also richtig mit 126 fl 40 kr einzusetzen gewesen. Tatsächlich hat die Hofkammer diesen Betrag später an die Witwe zur Auszahlung gebracht.

An *verlohrn seyn sollenden Schulden,* also an uneinbringlichen Forderungen, sind zwei Positionen in Gesamthöhe von 800 fl genannt. Sie entsprachen immerhin Mozarts Jahresgehalt als Hofmusikus. Bei Franz Gilowsky, dem Schuldner von 300 fl in Form einer Landschaftsobligation, dürfte es sich nicht um Wolfgangs Trauzeugen von 1782 gehandelt haben, sondern um dessen gleichnamigen Vetter. Während der *Windmacher* um die Mitte der achtziger Jahre bereits in Salzburg als Adlatus seines Vaters wirkte, hatte der andere Franz im Jahre 1784 in Wien

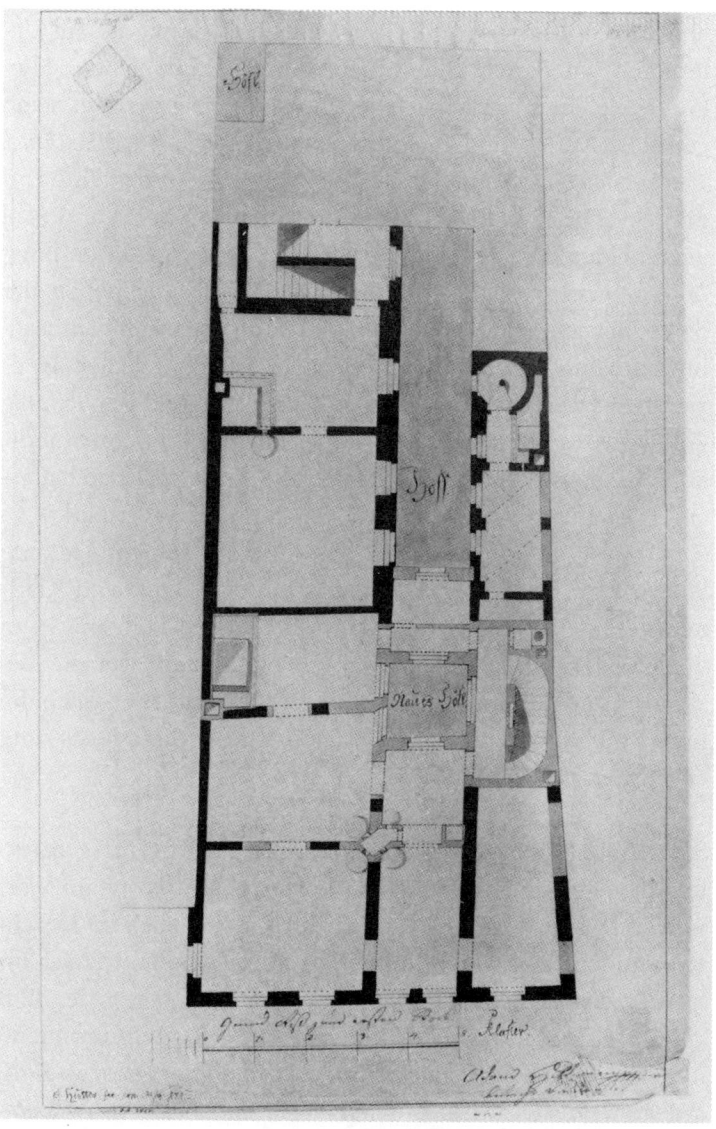

30 Grundriß von Mozarts letzter Wohnung in der Rauhensteingasse

eine lokale Briefpost *(petite poste)* eingerichtet, mit diesem Unternehmen aber bald Schiffbruch erlitten – und sich unter Hinterlassung eines beträchtlichen Schuldenberges aus dem Staub gemacht. Am 2. Mai 1787 wurden die Gläubiger des *entwichenen Franz Anton Gilowsky* in der *Wiener Zeitung* aufgefordert, ihre Forderungen bis zum 21. Juli des Jahres beim k.k. n.ö. Landrecht anzumelden. Der über das Vermögen des gescheiterten Jungunternehmers verhängte Konkurs wurde 1788 aufgehoben, der Schuldner selbst aber noch 1790 und dann wieder 1800 für zahlungsunfähig und für verschollen erklärt. Bei alledem ist es ziemlich wahrscheinlich, daß es dieses Mitglied der Familie Gilowsky war, dem Mozart, in einer finanziell rosigen Stunde, am 23. August 1786 mit 300 fl unter die Arme gegriffen hatte – gegen Empfangsbestätigung, wie das *Inventarium* vermerkt.

Ohne Quittung hingegen hatte Mozart seinem Freunde Anton Paul Stadler (dem Älteren), einem begnadeten Klarinettisten, ca. 500 fl geliehen, wahrscheinlich in Teilbeträgen zu verschiedenen Terminen. Der Witwe jedenfalls war die Gesamtsumme nur annähernd bekannt. Bei Stadlers bescheidenem Einkommen als *k.k. Hof-Musikus* dürfte diese Forderung tatsächlich mehr als „notleidend" gewesen sein.

3. An Silber werden lediglich *drei geringe Löffl per 7 fl* verzeichnet, dagegen eine wohlassortierte Herrengarderobe im Wert von 55 fl. Die Wohnung war reichlich, wenn auch im Durchschnitt nicht sehr wertvoll möbliert. Immerhin finden sich im *zweiten Zimmer* neben *1 Spiegel in vergoldetem Rahmen*, der 12 fl galt, *zwei Diwan mit gradlem Überzuch* und *6 deto Sessl*, die auf 50 fl taxiert wurden. Im Spielzimmer stand *1 grünn tüchenes Billiard mit 5 Baln und 12 Tacko* (= Queues), *einer Latern und 4 Leichter* zu 60 fl; und im vierten Zimmer u.a. *1 Forte-Biano mit Pedal*, das mit 80 fl zu Buche schlug. In Summe wurden *die Haußgeräthe* auf 296 fl geschätzt.

Es fällt auf, daß die meisten, vielleicht sogar alle der in der Wohnung vorhandenen Möbelstücke, dann aber auch praktisch (fast) wertloses Küchengerät *wie 2 Kaffemühln, 2 Glasleichter, 1 blechene Theekanl, 1 lagirte Tazen, einige ordinäre Gläßer* dem Nachlaß des Ehemannes zugerechnet wurden. Die Adquest-Klausel des Ehepakts vom 3. August 1782 war also nicht zum Tragen gekommen. Der Grund dafür ist in der geänderten Rechtslage zu suchen. Das JosGB hatte die Errungenschaftsgemeinschaft aufgehoben und für andere Arten der Gütergemeinschaft besondere Formvorschriften (vor allem Inventarisierung) vorgeschrieben. Fraglich war seither, ob und gegebenenfalls wie das *errungene Gut*, das am 31. Dezember 1786 *vorfindig* war, zwischen den Eheleuten geteilt werden sollte. Ein Hofdekret vom 20. August 1787 brachte insofern Klarheit in die verworrene Rechtslage, als es jedem der Ehegatten Alleineigentum an jenem Teil des *Acquestus* zuschrieb, der ihm *nach den vorigen Gesetzen oder gesetzlichen Gewohnheiten* bei einer Teilung gebührt hätte. Vermögen, das *seit* dem 1. Januar 1787 erworben worden war, fiel jenem Ehegatten zu, der es erworben hatte oder aus dessen Eigentum es erworben worden war. Konnte der entsprechende Nachweis nicht erbracht werden, sprach die gesetzliche Vermutung für den Erwerb und damit für das Eigentum des Mannes: *In dubio praesumuntur bona adquisita a marito.* Diese nach einem römischen Juristen benannte *Praesumptio Muciana* entsprach dem traditionellen Familienbild der patriarchalischen Hausfrauenehe und bestimmte auch die Güterordnung nach dem Tode Mozarts. Dieser dürfte, da Konstanze kein eigenes Einkommen gehabt hatte, tatsächlich die meisten oder alle Anschaffungen getätigt, jedenfalls bezahlt haben. Wäre es anders gewesen, hätte die Witwe dies beweisen müssen. Nur bei jener Errungenschaft, die *vor* dem 1. Januar 1787 getätigt worden war, wäre automatisch Hälftenteilung eingetreten. Doch hat man im vorliegenden Fall offenbar darauf verzichtet. Wohl deshalb, weil die entsprechenden Nachweise schwer zu führen waren und/oder weil es bei dem geringen Wert des Mobiliar-Nachlasses nicht darauf ankam. Liegenschaften hatte das Paar keine erworben.

4. Ein besonderes Kapitel stellten die *Bücher und Musicalien* dar. Sie wurden, wahrscheinlich im Zuge der Inventarisierung am 9. Dezember, von dem *Bücher-Schätzmeisteradjuncten* Johann Georg Binz verzeichnet. Binz galt als Kapazität und als Original *à l' anglaise* (?) unter Wiens Antiquaren. Er war nach dem Studium der Philosophie 1771 von Breisach am Rhein in die Kaiserstadt gekommen, hatte zunächst an der medizinischen Fakultät inskribiert, bald jedoch die Witwe nach dem Universitätsbuchhändler Johann Oll geheiratet. Diese brachte dem mittellosen Studiosus eine florierende Buchhandlung und ein stattliches Vermögen zu. Beides vermochte der *in seinen Preisen billige*, bei Ankäufen hingegen überaus *karge Routinier* zu vergrößern. Er betrieb zeitweise eine Buchdruckerei, führte mit 6752 Bänden schon 1790 eine der größten Leihbibliotheken Wiens und handelte außer mit Büchern auch mit Musikalien. Seine große Stunde schlug mit der Klosterreform Josephs II., als es ihm gelang, *mächtiges Material* aus den Bibliotheken der aufgehobenen Ordenshäuser zu erwerben. Ende 1791 befand sich sein Geschäft mit dem (Haupt-)Lager auf dem Stephansplatz in einer an das Bahrleihamt angebauten Hütte. Von dort war es nur ein Katzensprung in die Rauhensteingasse zur Inventarisierung des Büchernachlasses Mozarts.

Bibliotheksverzeichnisse dienten nicht nur der Nachlaßbewertung, sondern auch der Bücherzensur. Zwar waren in Erbschaften enthaltene Bücher, *sei es eine geringe oder eine zahlreichere Sammlung*, spätestens seit 1784 nicht mehr der Zensur unterworfen – aber dies nur insofern, als sie nicht zum Verkauf oder zur öffentlichen Versteigerung bestimmt waren. Andernfalls

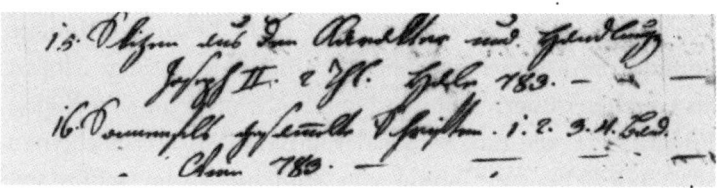

31 Bücherverzeichnis (Ausschnitt)

waren die Listen dem *Revisionsamte* einzusenden und von diesem zu prüfen. Enthielten sie verbotene Werke, so waren die Namen aus dem Versteigerungskataloge, *er mag geschrieben oder zum Druck bestimmt sein*, auszustreichen. Handelte es sich um Bücher mit unflätigem oder die christliche Religion angreifendem Inhalt, so sollten sie nicht nur ausgestrichen, sondern *abgefordert und zurückbehalten* werden.

5. Das Mozartsche Bücherverzeichnis umfaßt 73 Positionen, davon 41 Bücher und 32 Musikalien, jeweils unterteilt nach Formaten (4^0, 8^0, 12^0). Bei vielen der Werke handelte es sich um mehrbändige, wenn auch nicht immer vollständige Ausgaben, sodaß die Bibliothek insgesamt etwa 110 Stücke enthielt. Binz bewertete sie mit 23 fl 41 kr. An Druckwerken, die in das Historische und/oder Politische einschlägig waren, sind nur wenige zu nennen. In Betracht kommen (hier nach der bibliographischen Aufnahme durch Binz zitiert, Abkürzungen aufgelöst):

Nr. 1: *Mascow Einleitungen zu den Geschichten des*
        Deutschen Reichs. Leipzig 1763   *7 kr*
Nr. 8: *Friedrich II., Königs von Preußen hinterlassene*
        Werke, 4 Bände, 1788   *24 kr*
Nr. 15: *Skizen aus den Charakter und den Handlungen*
        Josephs II. 2 Theile, Halle 1783.   *7 kr*
Nr. 16: *Sonnenfels gesamelte Schriften. 1.–4. Band.*
        Wien 1783   *20 kr*

Woher diese Werke stammen, ist nicht bekannt. Manche könnten der väterlichen Bibliothek entnommen, einige Mozart als Geschenk überreicht worden sein. So etwa die vier Bände Friedrichs II., die zur Zeit der Berlin-Reise Mozarts erschienen sind; oder die vier Bände von Sonnenfels, der schon seit 1781/82 zu Mozarts Bekannten zählte. Über das weitere Schicksal der kleinen Bibliothek sind wir nicht informiert.

6. Inventar und Schätzung wurden von den zwei Zeugen, den beiden Schätzmeistern und Dominic Crammer unterfertigt, von den drei letztgenannten auch gesiegelt. Ob das Verzeichnis vollständig war, ist schwer zu sagen. Kleidung, Mobiliar und Hausgerät sind in so großer Zahl verzeichnet, daß wohl kaum ein größeres Stück „unter den Tisch gefallen" sein dürfte. Immerhin erwähnt Konstanzes zweiter Mann, Staatsrat Nissen, in einem Brief vom 13. Juni 1810 ein *Spinettel, das mozartisch war oder gewesen seyn soll.* Crammer jedenfalls hat nichts dergleichen in seine Liste aufgenommen. Das im Inventar erwähnte *Forte-Biano* ist 1810 an Karl Mozart nach Mailand geschickt worden. Inwiefern die angeführten Schätzwerte als realistisch anzusehen sind, ist fraglich. In der Regel dürften die Schätzmeister den Wert der Nachlaßgegenstände eher zu niedrig als zu hoch angesetzt haben. Die Liste der Bücher und Musikalien macht einen bescheidenen Eindruck. Entweder besaß Mozart tatsächlich nicht mehr an Literatur – oder Binz war bei der Katalogisierung sehr großzügig vorgegangen. Autographen wurden nicht verzeichnet. Sie waren in großer Zahl vorhanden, besaßen aber (damals noch) keinen Marktwert. Außerdem waren sie völlig ungeordnet. Erst in den Folgejahren hat Konstanze den musikalischen Nachlaß ihres Mannes – unter sachkundiger Anleitung und Mithilfe des mit ihr befreundeten Abbé Maximilian Stadler (des Jüngeren) – gesichtet und nach und nach zu Geld gemacht. Den größeren Teil erwarb Ende 1799 der Offenbacher Musikalienverleger Johann Anton André um 3150 fl *Wiener Courant*-Währung.

Bei diesem Geschäft stand der 37jährigen Witwe bereits Legationssekretär Georg Nikolaus Nissen mit Rat und Tat zur Seite. Konstanze hatte den ein Jahr älteren dänischen Diplomaten Ende 1797 kennengelernt und ihn (wahrscheinlich) im September des Folgejahres in ihre damalige Wohnung im *Judengässl, Stadt Nr. 535, im 2ten Stock* (heute: I, Judengasse) als Zimmerherrn/Untermieter oder sonst als Mitbewohner aufgenommen. Er hat in der Folgezeit seine Lebensgefährtin in allen geschäftlichen Angelegenheiten beraten und sich dabei als gewandter, aber auch als vorsichtiger Geschäftsmann erwiesen.

Erben

1. Da Mozart kein Testament hinterlassen hatte, trat gesetzliche Erbfolge ein. Sie war durch das Erbfolgepatent 1786 im Sinne der Lineal-Gradual-Ordnung geregelt worden. Danach waren in erster Linie zur Erbschaft berufen die Kinder und die weiteren Abkömmlinge des Erblassers. Innerhalb derselben Linie (= Parentel) schlossen gradnähere Abkömmlinge weiter entfernte aus. Gleichnah Verwandte sukzedierten nach gleichen Teilen. In concreto bedeutete dies, daß gesetzliche Erben Mozarts seine beiden Söhne, Karl und Wolfgang, waren, und zwar je zur Hälfte (§ 1). Konstanze hatte kein Erbrecht, sondern nur ein Fruchtgenußrecht an einer Quote des Nachlasses, die neben zwei erblasserischen Kindern ein Viertel betrug. Davon abgesehen sollte die Witwe sechs Wochen ab Tod ihres Mannes wie zu dessen Lebenszeit aus der Verlassenschaft erhalten werden, sofern dies *ohne Nachteil der Gläubiger geschehen könnte.* Dies alles unbeschadet etwaiger Ansprüche aus einer ehegüterrechtlichen Vereinbarung.

2. Da die beiden *Mozartischen Kinder* minderjährig waren, mußte nicht nur der Nachlaß ihres Vaters von Amts wegen inventarisiert und geschätzt, sondern auch ein Vormund sowie ein Kurator bestellt werden. Bei dieser Doppelgleisigkeit – Bestellung eines Kurators neben einem Vormund – handelte es sich um eine Besonderheit der österreichischen Verlassenschaftsabhandlung, die auf eine jahrzehntelange, in zahlreiche ältere Polizei- und Gerhabschaftsordnungen eingeflossene Praxis zurückging. Danach war es dem Vormund gestattet, bei schwieriger Prozeßführung gegen Dritte einen besonderen *Curator in litem* zu begehren, dem die entsprechende Rechtswahrnehmung und Streitführung oblag. Mit der Zeit, so scheint es, galt die Führung der Verlassenschaftsabhandlung im allgemeinen und jene für minderjährige Erben im besonderen als schwierige Rechtshandlung, die *eo ipso* die Bestellung eines Kurators rechtfertigte. Diesem oblag nicht die Verwaltung des Nachlasses, sondern „lediglich" die Abwicklung der Verlassenschaft. Er war nicht „Güterpfleger", sondern „Abhandlungspfleger"; nicht „Nachlaßverwalter", sondern „Nachlaßvertreter". Zwar war dem JosGB die Bestellung eines Abhandlungskurators *neben* dem Vormund fremd; doch ausgeschlossen war sie in Analogie zu ähnlich gelagerten Fällen (etwa bei Interessenkonflikt zwischen Vormund und Mündel) nicht. So behielt man diese bewährte (und für den Advokatenstand gewiß finanziell nicht uninteressante) Übung bei. Dies umso eher, als nach dem JosGB in der Regel nicht, wie früher, eine Mehrheit von *Gerhaben*, sondern ein Einzelvormund bestellt zu werden pflegte. Ihm sollte ein erfahrener und kenntnisreicher Jurist das komplizierte Abhandlungsgeschäft abnehmen.

3. Ganz im Einklang mit dieser Praxis ging der Wiener Magistrat bei *den zwey minderjährigen Kindern und Intestaterben des Wolfgang Amadeus Mozart* vor. Zunächst erteilte er am 9. De-

32 Carl Thomas und Franz Xaver Wolfgang Mozart

zember dem *Sperrs-Kommißär* den Auftrag, die Witwe auf den
12. Januar 1792 vorzuladen, *wobey selbe einen Gerhaben in Vor-*
schlag zu bringen hat. Obgleich diese Ladung der *Mozartin* persönlich am 20. Dezember 1791 zugestellt wurde, nahm Konstanze den Termin nicht wahr. Prompt erging am 12. Januar
1792 eine neuerliche *Vorforderung* zum 19. Januar unter Andro-

hung einer Geldstrafe von 3 Reichstalern (!). Das wirkte. Denn diesmal leistete die *Frauen Wittwe* der magistratischen Aufforderung Folge und machte einen Vormund für ihre beiden Söhne namhaft. Es handelte sich dabei, wie ein Nachtrag in der *Sperrs-Relation* angibt, um Michael Puchberg, einen Förderer, Maurerbruder und (Haupt-)Gläubiger des Verstorbenen. Puchberg (1741–1822) war 1768 aus Zwettl/Niederösterreich nach Wien gekommen und hatte hier in einer Textilfirma (durch Tüchtigkeit und Einheirat) Karriere und Fortune gemacht. Er wohnte auf dem Hohen Markt im Hause des Grafen Walsegg und war seit etwa 1787 von Mozart mit Bitten um finanzielle Unterstützung geradezu „bombardiert" worden. Darüber hinaus scheint das Ehepaar Mozart mit Puchberg und dessen zweiter Frau zeitweise engen gesellschaftlichen und/oder familiären Kontakt gehabt zu haben. Im April 1789 etwa wohnte Konstanze während Wolfgangs Reise nach Berlin im *Walseckischen Hause*. Ihr Vorschlag, Puchberg zum Vormund zu ernennen, lag daher nahe. Der magistratische Zivilsenat fand keine Bedenken und bestellte den *k.k. Niederlagsverwandten* am 19. Januar 1792 zum *Gerhaben* über Karl und Wolfgang Mozart. Das entsprechende Dekret wurde am 30. d.M. *ex offo* ausgefertigt und am 10. Februar *expediert*. Eine offenkundig etwas voreilige Entscheidung! Denn schon zwei Wochen später wurde Puchberg in dieser Funktion durch Franz Xaver Flamm ersetzt. Der Grund dafür liegt im dunkeln. Wahrscheinlich spielte die Tatsache eine Rolle, daß der Seidengroßhändler als einer der Hauptgläubiger des Verstorbenen/des Nachlasses nicht gleichzeitig als Vormund der minderjährigen Intestaterben fungieren sollte oder durfte. Flamm, der mehrere Instrumente spielte, war Expediteur beim Wiener Magistrat. Zwischen ihm und seiner zweiten Frau, Barbara, und dem Ehepaar Mozart bestanden lose gesellschaftliche Kontakte. Ob Flamm auf Vorschlag der Witwe oder von Amts wegen zum *Gerhaben* bestellt wurde, ist unklar. Ebenso ist über seine Tätigkeit als Vormund nichts bekannt.

Karl Mozart war (wahrscheinlich nicht schon 1792, sondern erst) 1794 nach Prag gebracht worden, wo er bei Franz Niemetschek, einem Professor am Kleinseitner Gymnasium, für etwa vier Jahre als Kostzögling gute, ja väterliche Aufnahme fand. Anfang 1798 übersiedelte er, noch nicht 14jährig, nach Italien, wo er anfangs einige Jahre in Livorno als angehender Kaufmann lebte. Nach seinem endgültigen Verzicht auf eine musikalische Laufbahn wurde er kleiner (Finanz-)Beamter in Mailand. Einem Brief seines Stiefvaters vom 13. Juni 1810 ist zu entnehmen, daß damals ein „angeheirateter" Onkel, der zweite Mann seiner Tante Josepha, Karls *Gerhab* war. Die älteste der Weber-Schwestern hatte 1797, nach dem Tode Franz Hofers, den 14 Jahre jüngeren Regisseur, Schauspieler und Sänger *bey dem k.k. Theater an der Wien* Friedrich Sebastian Mayer geheiratet. Wann er zum Vormund bestellt wurde und ob er Flamm unmittelbar nachfolgte, ist nicht bekannt. Ebenso ist unklar, ob auch Wolfgang Mozart, der zu jener Zeit, also um 1810, als Hauslehrer der Musik beim Grafen Bavorowski in Podkamien bei Lemberg lebte, Mayers Mündel war. Aufklärungsbedürftig ist ferner die Frage nach dem Ende von Mayers Vormundschaft über Karl und eventuell auch Wolfgang. Der eben erwähnte Brief Nissens läßt insoweit einige Fragen offen.

4. Am selben Tage wie Puchberg erhielt Dr. Nik(o)las Ramor das ebenfalls am 30. Januar 1792 ausgefertigte Dekret, welches ihn *zum Vertreter der minderjährigen Kinder* bestellte. Seine Person ist schwer zu fassen. Nach der Wiener Universitätsmatrikel von 1779 war er aus Laibach in Krain gebürtig. Das erste Rigorosum bestand er am 2. April 1783 mit Ach und Krach, nämlich mit Stimmenmehrheit der sieben Mitglieder zählenden Prüfungskommission, der u.a. Franz von Zeiller angehörte. Beim zweiten Rigorosum fiel der Kandidat mit Bomben und Granaten durch und wurde *per vota unanima* zurückgestellt. Wo (und ob?) er schließlich den *Doctor iuris* schaffte, ist nicht bekannt. Anfang 1792 jedenfalls war er Hof- und Gerichtsadvokat in der Wiener Weihburggasse. Als solcher führte Ramor in der Rolle eines Verlassenschaftskurators im Zusammenwirken mit dem magistratischen Zivilsenat im Namen seiner beiden minderjährigen Kuranden die Nachlaßabhandlung Mozart bis zur Einantwortung an dessen Witwe im August 1793.

Gläubiger

1. Ein weiterer Verfahrensschritt diente der Ermittlung des Schuldenstandes. Zu diesem Zwecke erließ der Magistrat am 17. Februar 1792 ein (Gläubiger-)*Einberuffungsedikt*, das, wie damals üblich, durch Anschlag an der Amtstafel des Rathauses und durch Einschaltung in der Wiener Zeitung (am 7. März) dem *publico* bekannt gemacht wurde. Es *rufft alle jene vor, welche an gedachter Verlassenschaft Ansprüche und Forderungen zu haben vermeinen. Diese haben demnach den 19. März früh um 9 Uhr vor diesem Magistrat entweder persönlich, oder durch hinlänglich Bevollmächtigte so gewiß zu erscheinen, und ihre Forderungen rechtsbeständig zu erweisen, wie im widrigen die Verlassenschafts Abhandlung ohne weiteren gepflogen und der Frau Wittwe überlassen werden würde.* Unterzeichnet war das Edikt von Joseph Hörl, *wirklichem k.k. Rath und Bürgermeister*, von L. Edlem von Moßbach, *wirklichem k.k. Rath und Vizebürgermeister*, sowie von den beiden *Magistratsräthen* Franz Edlem von Kofler und Johann Nepomuk Edlem von Reser.

2. Über den Verlauf der Tagsatzung erstattete am 29. März der Amtssekretär Friedrich Hofmann an den *Löblichen Magistrat der königlichen Haupt- und Residenzstadt Wien* Bericht. Danach war am 19. März lediglich Herr Dr. E. von Rößler als Substitut des Herrn Dr. Ramor erschienen und hatte *nomine der Wittwe Constanzia* folgende Forderungen angemeldet:

a) *an Heyraths Sprüchen vermög Heyraths Kontrakt dato 3ten August 1782 1500 fl;*
b) *dann auf ein Verzeichniß über verschiedene Auslagen 918 fl 16 x.*

Bei den unter a) genannten *Heyraths-Sprüchen* handelte es sich um Forderungen der Witwe aus dem Ehepakt, den Wolfgang Mozart und Konstanze Weber am 3. August 1782, am Tage vor ihrer Trauung in St. Stephan, geschlossen hatten. Sie setzten sich zusammen aus der (Rück-)Forderung des Heiratsgutes in Höhe von 500 fl und aus dem Anspruch auf die vom Bräutigam ausgeworfene Widerlage von 1000 fl.

Das Verzeichnis zu b) listet elf Rechnungen auf, welche die Witwe für ihren verstorbenen Mann beglichen hatte:

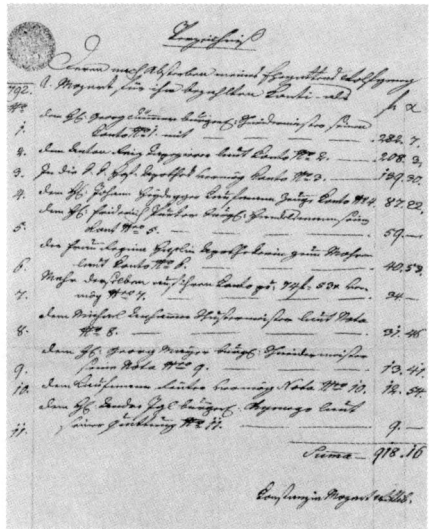

33 Schuldenverzeichnis

Verzeichnis
deren nach Absterben meines Ehegattens Wolfgang
A. Mozart für ihm bezahlten Konti als 1792

fl x

1. dem Herrn Georg Dümmer, bürgerlichen
Schneidermeister, seinen Konto No. 1 mit   282.07
2. dem Anton Reiz, Tapezirer laut Konto No. 2   208.03
3. in die k. k. Hof-Apothek vermög Konto No. 3   139.30
4. dem Herrn Johann Heydegger, Kaufmann, Zeuge
Konto No. 4   87.22
5. dem Herrn Friederich Purker, bürgerlichem Handelsmann,
seine laut Nro. 5   59.–
6. der Frau Regina Haslin, Apothekerin zum Mohren,
laut Konto No. 6   40.53
7. mehr derselben auf ihren Konto per 74 fl. 53x vermög Nro.7   34.–
8. dem Michael Anhammer, Schustermeister, laut Nota
No. 8   31.46
9. dem Herrn Georg Mayer, bürgerlichem Schneidermeister
seine Nota Nro. 9   13.41
10. dem Kaufmann Reuter vermög Nota Nro. 10   12.54
11. dem Herrn Andre Igl, bürgerlichem Chyrurgo laut
seiner Quittung No. 11   9.–
Summa   918.16

Auffällig ist die Höhe der Schneider-Conti und der Tapezie-
rerrechnung. Bei dieser dürfte es sich um Aufwendungen für
die Adaptierung der Wohnung in der Rauhensteingasse gehandelt haben. Konstanze hatte dieses Quartier im Spätherbst
1789 mit Sohn Karl bezogen, während ihr Mann mit Schwager
Hofer noch in Frankfurt oder auf der Rückreise nach Wien
war. Die Summe wird also seit längerem fällig gewesen sein.

Nicht gerade bescheiden auch die Beträge, die das Ehepaar –
oder der Herr des Hauses – für Mode ausgegeben hatte. Sie
beliefen sich auf insgesamt 442 fl 10 kr. Denn zu den beiden
Schneiderrechnungen (Nr. 1 und 9) traten noch die Nota des
bürgerlichen Handelsmannes Purker, der in Galanteriewaren
handelte, sowie jene des Kaufmannes Heydegger, der sein
Brot als Seiden- und Kurzwarenhändler verdiente. Die Kosten
für Medikamente und den Arzt erklären sich aus Mozarts (To-
des-)Krankheit und Konstanzes (Bein-)Beschwerden, die sie
das ganze Jahr 1791 hindurch plagten.

3. Nach Ausweis der Aufstellung war es der Witwe in den Wochen zwischen Tod ihres Mannes und Gläubigertagsatzung gelungen, das knappe Dutzend der kleinen Gläubiger zu befrie-
digen. Woher sie das Geld dazu nahm, ist nicht belegt, kann
aber vermutet werden. In Betracht kommen die Auszahlung
des Besoldungsrückstandes sowie Erlöse aus dem Verkauf von
Musikalien und gewiß auch Spenden. Möglicherweise hat
Konstanze im Hinblick auf künftige Einnahmen auch das eine
oder andere kurzfristige Darlehen aufgenommen. Nicht glaub-
würdig ist der Bericht einer handschriftlichen (!) Zeitung, daß
sie eine Uhr Mozarts für 10 fl verpfändet hätte, um das Leichenbegängnis bezahlen zu können. Ein Benefizkonzert
dürfte, entgegen einer weit verbreiteten Meinung, nicht statt-
gefunden haben, jedenfalls nicht vor dem Jahre 1794. Wohl
aber werden Freunde der Familie mit Geldzuwendungen aus-
geholfen haben, wobei primär an van Swieten und Puchberg
zu denken ist. Hilfe in der Not kam überraschend von hoher
Stelle, nämlich von König Friedrich Wilhelm II. von Preußen.
Er wies, vielleicht auf ein Bittgesuch hin (?), am 7. Februar 1792
seinen Geschäftsträger in Wien, Konstantin Baron von Jacobi,
an, acht genau bezeichnete Werke Mozarts von der Witwe um
100 Dukaten je Stück zu erwerben. Das Geschäft kam zu-

stande, was Jacobi seinem königlichen Auftraggeber am 18. Februar nach Berlin berichtete. Möglicherweise wechselte zusätzlich eine Abschrift des Requiems um 450 fl den Besitzer. Die nach Berlin mitgeschickten Originalpartituren sollten gemäß einer Erklärung Jacobis vom 4. März 1792 *nach genommener Abschrifft* wieder in die Hände der Witwe zurückgestellt werden. Das geschah jedoch nicht, sodaß Konstanze ihren Herausgabeanspruch am 1. Januar 1800 an den Offenbacher Musikverleger Johann Anton André *verkaufte.* Diesem gelang es erst 1841 (!) *nach vielen vorhergegangenen Mühungen,* die Autographen der Königlichen Bibliothek zu „entreißen". Ein Verkauf zweier Opernpartituren, *La clemenza di Tito* und der *Zauberflöte,* zu je 100 Dukaten, über den Konstanze um die Jahreswende 91 auf 92 mit einem „Strohmann" des Kölner Kurfürsten Maximilian Franz verhandelte, dürfte – wegen der Höhe der Preisforderung? – nicht zustande gekommen sein.

4. Schon ein paar Tage nach Mozarts Tod tat sich Konstanze um eine weitere Einnahmequelle um. Am 11. Dezember 1791 richtete sie ein Gesuch um eine Gnadenpension an Leopold II. Es ist von fremder Hand (Thorwart?) geschrieben, von der Witwe eigenhändig unterzeichnet und schildert eindringlich ihre schwierige finanzielle Lage. Konkrete Vorstellungen über die Höhe der Rente nennt die Eingabe nicht. Dies tat erst Wenzel Graf Ugarte, Hofmusikgraf und Direktor am Hoftheater, in seinem Bericht an den Obersthofmeister und Konferenzminister Fürst Starhemberg. Es ist darin von 200 fl für die Witwe und von je 50 fl für die beiden Söhne die Rede. Ein Gnadenakt des Kaisers war erforderlich, weil Mozart noch nicht zehn Jahre in Diensten des Hofes gestanden war und deshalb die Witwe keinen Anspruch auf eine *normalmäßige Pension* nach dem Pensionsregulativ vom 31. März 1781 hatte. Es wäre ihr nur eine einmalige Abfertigung in Höhe eines

Viertels des Jahresgehaltes ihres Mannes zugestanden. Nach einigem bürokratischem Hin und Her wurde Frau Mozart aufgefordert, *ihre Mittellosigkeit gehörig darzustellen* und *zugleich zu erweisen,* daß sie aus dem *Hofmusik Societäts Fond* keine Zahlungen zu erwarten hätte. Das geschah im Februar 1792 durch Vorlage von *Inventar und Schätzung* und einer entsprechenden Bescheinigung des Sekretärs der Hofmusiksozietät. Tatsächlich hatte Mozart es unterlassen, *durch Einverleibung in die musikalische Wittwen und Waisengesellschaft* seinen Hinterbliebenen *diese obgleich geringe Versorgung zu sichern.* Er hatte zwar 1785 um Aufnahme angesucht, dann aber versäumt, seinen Taufschein beizubringen, sodaß das Gesuch unerledigt blieb. Mehr Erfolg hatte Konstanze mit ihrer Bitte um ein Gnadengehalt. Obwohl Leopold II. am 1. März 1792 starb, ging die Behandlung des Aktes zügig voran. Schon am 12. März setzte Franz, Sohn und Nachfolger Leopolds, sein *Placet* auf das Manuskript des Vortrags. Es gewährte der Witwe *das Drittel von dem Gehalte ihres Ehegatten,* also 266 fl 40 kr, und zwar rückwirkend ab 1. Januar 1792. Eine Waisenrente wurde abgelehnt, da eine solche *vermög Normale* erst bei einer Mindestzahl von vier (unversorgten) Kindern gewährt werden konnte. Ausschlaggebend für die positive Erledigung war wohl das Argument gewesen, daß man Mozart die Stelle eines Hofkompositeurs nur deshalb zuerkannt hätte, um ihn in Wien zu halten. Der Posten brauchte daher nach seinem Tode nicht mehr besetzt zu werden. Tatsächlich wurde den beiden Aspiranten – und Konkurrenten – auf Mozarts Nachfolge, Joseph Preindl und Emanuel Alois Förster, abschlägig beschieden. Die Hofkammer hat also in Summe zwei Besoldungsdrittel eingespart. Wie lange Konstanze die Rente bezogen hat, ist nicht bekannt.

5. Es war also keineswegs so, daß Anfang 1792 die Witwe völlig mittellos dagestanden wäre. Ihr Hauptproblem bildeten auch nicht die Forderungen der Handwerker, Kaufleute, Apotheker und Ärzte, sondern die Ansprüche der Groß-Gläubiger ihres verstorbenen Mannes. Die Wiener Fama nannte Horrorzahlen von 30 000 fl an Schulden. Das war zweifellos übertrieben, doch ist die Höhe der von Mozart hinterlassenen Verpflichtungen nicht exakt zu bestimmen. Wenn man dem Prager Mozartbiographen Niemetschek glauben darf, hätte Konstanze gegenüber Leopold II. Mitte Dezember 1791 behauptet, daß sie *mit einer Summe von ungefähr 3000 Gulden alles bezahlen könnte, was mein seliger Mann schuldig ist.* Das mag dem damaligen Wissensstand der Witwe entsprochen haben, stellte aber eine eher optimistische Schätzung dar. Wir wissen von zwei Hauptgläubigern, bei denen Mozart mit jeweils rund 1500 fl in der Kreide gestanden war.

Der eine war Michael Puchberg. Er hatte die an Mozart gezahlten Beträge meist mit eigener Hand auf dessen Bettelbriefen vermerkt, sodaß die Höhe seiner Forderung(en) ziemlich genau mit mindestens 1415 fl errechnet werden konnte. Die einzelnen „Finanzspritzen" reichten von 10 fl bis 300 fl und lagen meist beträchtlich unter der vom Bittsteller erbetenen Summe, der sich ein ansehnliches Darlehen von *1 oder 2 tausend gulden ... auf 1 oder 2 Jahre erhoffte.* Doch der reiche Großkaufmann hatte wohl erkannt, daß es sich bei seines Logenfreundes Geldbedarf um ein Faß ohne Boden handelte. Verständlich, daß er seine Zuwendungen nach und nach auf ein Minimum reduzierte, zumal Mozart ihn immer wieder vertröstete und auch kleine Beträge nicht vereinbarungsgemäß zurückzahlte. Bei der Gläubigerkonvokation am 19. März meldete Puchberg seine Ansprüche nicht an, sicherlich nach Rücksprache mit Konstanze und/oder Dr. Ramor. Er hielt still, obgleich er gegen andere Schuldner nicht immer sehr rücksichtsvoll vorgegangen war. Im Falle Mozarts jedoch haben sich seine Geduld und Zurückhaltung „gelohnt". Ein paar

34 Gehaltspfändung

Jahre später konnte ihm, nach Aussage Nissens, Konstanze alles auf Heller und Pfennig, pardon: auf Gulden und Kreuzer zurückzahlen. Es hat dem gewieften Geschäftsmann nicht auf Dauer geholfen. In den Napoleonischen Wirren verlor er sein Vermögen. 1822 starb er in tiefster Armut.

6. Der zweite Hauptgläubiger war Karl Fürst Lichnowsky. Ihm schuldete Mozart Ende 1791 nach einem (erst vor kurzem – 1990 – ans Licht gekommenen) Protokollvermerk der Hofkammer vom 12. November einen Betrag von 1435 fl 32 kr samt 24 fl Gerichtskosten. Der Eintrag war aufgrund eines (nicht im Original erhaltenen) Schreibens des Niederösterreichischen Landrechts an die kaiserliche Kammer erfolgt. Er lautet: *N:Ö: Landrecht erinnert unterm 9en et prs: 12. 9mb: 791, Daß Karl Fürst v: Lichnowski etc dem K:K: Hof Kappelmeister Wolfgang Amade Mozart wegen schuldigen 1435 f 32 xr samt 24 f Gerichts*

Kösten sowohl die Pfändung, als auch die Erfolglassung dessen Besoldungs Hälfte bewürkt habe. Anlaß, Hintergründe und Verlauf des Verfahrens sind nicht geklärt. Sie werden sich auch, aller Voraussicht nach, nicht klären lassen, da die einschlägigen Akten beim Brand des Wiener Justizpalastes im Jahre 1927 ein Raub der Flammen wurden. Immerhin ist im Hinblick auf die „Causa Lichnowsky contra Mozart" eine Bemerkung von Interesse, die dieser in einem Brief vom 23. Mai 1791 aus Berlin an seine Frau machte. Der Fürst hatte den Komponisten *zur Gesellschaft mit sich* auf seine Reise an den preußischen Hof genommen. Dort *nahm sein Beutel ab,* sodaß Mozart mit einem Darlehen von 100 fl aushelfen mußte. *Ich konnte es (ihm) nicht gut abschlagen, du weißt warum.* Wolfgang war also seinem Reiseherrn auf irgend eine Weise verpflichtet. Das Geheimnis um diese Sache lüftet freilich auch die Andeutung nicht.

Jedenfalls hatte der Kläger beim Niederösterreichischen Landrecht, dem für Adelige zuständigen (Zivil-)Gericht erster Instanz, ein rechtskräftiges Urteil erlangt. Auf dessen Grundlage versuchte er nun, im Wege der Gehaltsexekution zu seinem Geld zu kommen. Gehaltspfändungen waren in den §§ 312 f der AGO von 1781 vorgesehen. Danach konnte der Gläubiger, der einen rechtskräftigen Exekutionstitel sein eigen nannte, *auf die Besoldung des Beklagten* greifen. Das Gericht hatte der auszahlenden Stelle eine *Erfolglassungsverwilligung* zuzustellen, nach deren Maßgabe das jeweils fällige Gehalt einzubehalten und an den betreibenden Gläubiger abzuführen war – *soweit sich die Forderung erstreckte.* Grundsätzlich konnten Besoldungen zur Gänze gepfändet werden, sofern nicht gesetzliche Beschränkungen oder Befreiungen Ausnahmen vorsahen. Eine solche galt für das Gehalt landesfürstlicher Beamter bis 15. Januar 1787. Damals hob ein Hofdekret dieses Privileg auf und bestimmte gleichzeitig, daß *der Betrag der Alimentation nach richterlichem Ermessen* zu bestimmen sei, und zwar in der Weise, *daß solcher nie die Hälfte der Besoldung übersteigen könne.* Es durfte also das der Gehaltspfändung entzogene (Existenz-)Minimum maximal 50 Prozent der Einkünfte erreichen. In Übereinstimmung mit dieser Gesetzeslage bewegte sich das Vorgehen Lichnowskys gegen Mozart. Demnach hätte die gehaltanweisende Stelle, die Hofkammer, als Drittschuldner die Hälfte von dessen Gehalt als k.k. Hofmusikus einbehalten und an den Gläubiger abführen müssen. Mozart hätte also rund vier Jahre hindurch lediglich 380 fl statt netto 760 fl erhalten. Ob und gegebenenfalls wann dieser Zugriff auf das Salär effektiv geworden ist und ob der im Inventar ausgewiesene Rückstand damit zusammenhängt, müßte noch eruiert werden. Dabei wäre zu bedenken, daß das Gehalt vierteljährlich ausgezahlt wurde, und zwar – wahrscheinlich – im nachhinein am 20. des jeweiligen Folgemonats.

Doch das Finanzielle, so schwer es Mozart in seiner ohnehin schwierigen Lage getroffen hätte, stellte nur einen Teilaspekt des Problems dar. Bedrohlicher noch war eine weitere Sanktion. Ein anderes Hofdekret, ebenfalls von Mitte Januar 1787, hatte nämlich *dem Schuldenmachen landesfürstlicher Beamter* den Kampf angesagt und bestimmt, daß Gehaltsempfänger *ohne weiteres entlassen werden konnten, wenn sie aus Muthwillen oder Leichtsinn Schulden gemacht haben und ihren Gläubigern keine andere Sicherheit und Bedeckung als jene ihrer Besoldungen verschaffen können.* Dies besonders dann, *wenn sie die Verkümmerung ihres Gehalts länger als ein Jahr zu leiden hätten.* Es mag dahingestellt bleiben, ob all dies gegen Mozart mit voller Schärfe und Konsequenz durchgeführt worden wäre. Doch auch ohne Entlassung hätte die Gehaltspfändung eine schwere Schädigung von Ansehen und Kreditwürdigkeit mit sich gebracht. Vielleicht war es diese Folge seiner chronischen Finanzmisere, die Mozart schlaflose Nächte bereitete und auf die er in seinen Briefen an Freund Puchberg immer wieder anspielte. So etwa am 12. Juli 1789: und *bedenken*

35 Karl Alois Fürst
Lichnowsky

Sie, daß ohne Ihre Unterstützung die Ehre, die Ruhe und vielleicht das Leben ihres Freundes und Bruders zu Grunde geht. Es ist gut möglich, daß zwei Jahre später Lichnowskys massives Vorgehen den tief in Geldschwierigkeiten steckenden Komponisten an den Rand seiner Existenz trieb. War es Zufall, daß wenige Tage nach der *Erfolglassung* Mozarts letzte Krankheit ausbrach? Seinem Wohlbefinden zuträglich war diese Affäre gewiß nicht.

Unklar ist, welche Wendung sie nach dem Tode des Schuldners nahm. Die Gehaltspfändung wäre *ins Leere gegangen* und wurde daher eingestellt. Entweder hat Lichnowsky auf die Durchsetzung seiner Forderung verzichtet oder sich außergerichtlich mit der Witwe auf die eine oder andere Lösung geeinigt. Offiziell angemeldet hat er seine Ansprüche am 19. März 1792 nicht. Später wandte sich der Fürst Beethoven zu. Warum er „ausgerechnet" Mozart wegen einer vergleichsweise geringen Summe von rund 1500 fl so hart bedrängte, wird Gegenstand von Spekulationen bleiben (müssen).

7. Bei Mozarts chronischer Finanzmisere vor allem seit 1789 ist es nicht unwahrscheinlich, daß es neben Puchberg und Lichnowsky noch eine Reihe anderer Gläubiger gab, die jedoch ebenfalls – aus welchen Gründen immer – ihre Forderungen nicht (offiziell) gegen den Nachlaß geltend machten. In Betracht kommen Bekannte und Freunde der Familie Mozart, Wechselgläubiger und professionelle Geldverleiher bis hin zu Wucherern. Darauf kann hier nur durch Beispiele hingewiesen werden. Am 2. April 1789 etwa stellte Mozart einen Sola-Wechsel über 100 fl an *Herrn von Hofdemel oder dessen Ordre* aus, der am 2. August desselben Jahres fällig gestellt war. Der Gläubiger, Kanzlist bei der Obersten Justizstelle, indossierte das Papier einen Monat vor Verfall an Matthias Anzenberger, den Inhaber einer Modewaren-Handlung auf dem Kohlmarkt mit dem sinnigen Namen *Zum Meerfräulein.* Ob die Schuld am 2. August beglichen wurde, ist unklar, aber eher unwahrscheinlich, da Mozart um diese Zeit – noch oder wieder – in tiefsten Geldnöten steckte. Vielleicht hat daher Anzenberger den Wechsel an einen Galanterie-Händler beim Stock-im-Eisen giriert. Dieser jedenfalls forderte, *obwohl er anfangs selbst die Unmöglichkeit einsah und sich zufrieden zeigte,* im Mai 1790 *ernstlich und ungestüm* die Bezahlung einer Schuld von 100 fl. Puchberg, dem sein Maurerfreund diese *Unannehmlichkeit* in beredten Worten schilderte, sandte prompt einen entsprechenden Betrag. Ob Mozart ihn dazu verwendete, um sich den lästigen Gläubiger *vom Halse zu schaffen?*

Um das Zehnfache ging es bei einer Schuldverschreibung Mozarts vom 1. Oktober 1790 für den Handelsmann Heinrich Lackenbacher. Das Darlehen von 1000 fl war mit 5% zu verzinsen und *nach verlauf von zwei Jahren a Dato* zurückzuzahlen. Zur Sicherheit *sowohl des Capitals als der Interessen* verpfändete der Schuldner *dem Herrn Darleiher sein gesamtes Mobilare* (!?). Es ist gut möglich, aber bei dem in seiner Finanzgebarung herrschenden Durcheinander nicht mit Sicherheit zu beweisen, daß Mozart diese Schuld in einem komplizierten Dreiecksgeschäft mit seinem Verleger Hoffmeister durch „Naturallieferung" von Kompositionen abgearbeitet hat. Unter den Nachlaßgläubigern jedenfalls scheint Lackenbacher nicht auf. Auch von dem „Pfandrecht" an dem Mobiliar findet sich in der Verlassenschaftsabhandlung keine Spur. Kein Wunder. Denn dieser vielen Schuldscheinen beigesetzten Klausel kam Ende des 18. Jahrhunderts keinerlei Rechtswirkung (mehr) zu. Damals konnte ein Pfandrecht an Fahrnis nur durch Übergabe der Sache (Faustpfandprinzip) oder im Wege der gerichtlichen Fahrnisexekution begründet werden.

Einantwortung

1. Bei dieser Sachlage mußte allen Beteiligten spätestens Anfang 1792, wahrscheinlich aber schon unmittelbar nach Inventarisierung und Schätzung des Nachlasses klar sein, worauf die Verlassenschaftsabhandlung hinauslaufen würde – und wohl auch hinauslaufen sollte: auf die Überlassung des Nachlasses an Zahlungs Statt an einen der Gläubiger. Diese – ungenau *iure crediti-Einantwortung* oder *Einantwortung nach Gläubigerrecht* genannte – Sonderform des Abhandlungsverfahrens hatte sich aus römischrechtlichen Ansätzen im gemeinen Recht und in der einheimischen Praxis fortentwickelt. Ihr Ziel war es, in einfachen Fällen den Nachlaßkonkurs zu vermeiden, wenn a) der Nachlaß unbedeutend und b) zu vermuten war, daß die Aktiva nur zur Berichtigung der dringendsten Schulden hinreichen würden. Dann konnte *unter den Gläubigern Einverständnis darüber hergestellt werden, daß einem von ihnen, den die anderen als Bürgen und Zahler annehmen, der Nachlaß eingeantwortet werde.*
Im Falle Mozarts war es – vernünftigerweise – die Witwe,

welcher der Nachlaß ihres Mannes an Zahlungs Statt überlassen werden sollte. Es scheint, als hätte Konstanze im Einvernehmen mit dem magistratischen Zivilsenat und dann mit Dr. Ramor (vielleicht auf Rat Gottfried van Swietens und/oder Puchbergs) gleich nach Schätzung und Inventarisierung des Mozartschen Nachlasses auf diese Lösung hingearbeitet. Voraussetzung war die Bezahlung der dringendsten Rechnungen (der Handwerker, Kaufleute, Apotheker und Ärzte); eine entsprechende Vereinbarung mit den anderen (Haupt-)Gläubigern, besonders also mit Puchberg und Lichnowsky; sowie die Sicherstellung der Intestaterben, der beiden minderjährigen Halbwaisen Karl und Wolfgang. Punkt 1 hatte die Witwe bis 19. März „erledigt". Gleiches müssen wir für Punkt 2 annehmen, obgleich konkrete Hinweise nicht überliefert sind. Bleibt Punkt 3, die Sicherstellung von Mozarts Söhnen.

2. Deren Ansprüchen trug Konstanze Mozart insofern Rechnung, als sie am 17. Dezember 1792 vor Gericht erklärte, für jedes ihrer Kinder *zum väterlichen Erbteil* 200 fl erlegen zu wollen. Das geschah tatsächlich knappe zwei Monate später, am 11. Februar 1793. An jenem Tage erschien die Witwe vor dem Magistrat und hinterlegte eine auf *Konstanzia Mozart* lautende vierprozentige *Stadt-Oberkammer-Amts-Obligation A sub Nr. 9234 über 400 fl ddo 7ten Hornung 793* mit der Bitte, *ein löblicher Magistrat (möge) geruhen, diesen meinen Erlag zu acceptieren und protokollieren zu lassen.* Was geschieht.

Die Summe von 2 x 200 fl ist nicht zufällig gewählt worden. Einen Hinweis auf das Vorgehen des Magistrats gibt Nikolaus Nissen 1810 in einem Brief an seinen Stiefsohn Karl Mozart nach Mailand: *Sie wissen, daß Ihr großer Vater kein Vermögen sondern Schulden und ein unbedeutendes Mobiliar hinterließ, welches letztere bei weitem nicht so viel betrug als Ihrer Mutter im Heiratscontracte zugesagt war. Indessen wurde es taxiert, und Ihrer Mut-*

ter dagegen überlassen, daß sie nach dessen Verhältnis ihren Kindern eine Summe bestimmte und deponierte. Diese Summe war für jedes 200 Gulden. Wie dieser Betrag errechnet wurde, ist schwer zu sagen. Vielleicht zog man von den 592 fl Aktiven des Inventars von 1791 die Barschaft von 60 fl und den Besoldungsrückstand von 133 fl ab. Dann wären an Hausrat, Wäsche u.a. etwa 400 fl geblieben. Doch handelt es sich dabei nur um eine erste Vermutung. Aufschluß könnte möglicherweise ein Vergleich mit anderen, ähnlich gelagerten Fällen bringen.

Wie auch immer: Die Art der Hinterlegung entsprach den damaligen Vorschriften, wonach Pupillargelder in öffentlichen Fonds angelegt werden mußten. Nissen spricht von einer *hiesigen sehr guten Einrichtung.* Tatsächlich lag die Obligation im Jahre 1810 noch immer beim magistratischen Depositenamt, worüber Karls *Vormund und Onkel, der Regisseur Mayer, einen amtlichen Schein in Händen hat.* Der Wert des Papiers stand allerdings weit unter pari. Außerdem war für die *Ausfuhr einer Erbschaft in das Ausland* eine Steuer zu erlegen. Nissen rät daher seinem Stiefsohn, seinen Anteil von 200 fl *liegen zu lassen,* bis *Sie einmal auf kürzere oder längere Zeit* wieder hier (in Wien) sind. Was letztlich mit dem Geld geschah, entzieht sich unserer Kenntnis.

3. Jedenfalls war mit der Hinterlegung der 400 fl-Obligation der Weg frei für den nächsten Schritt der Verlassenschaftsabhandlung, die zusammenfassende *Vermögensausweisung.* In ihr wurden Aktiva und Passiva (noch einmal) zusammen- und einander gegenübergestellt. Dr. Ramor legte sie namens seiner Kuranden am 1. März 1793 vor. Ihr angeschlossen war, in doppelter Ausfertigung, die *Erbsteuer-Berechnung.*

Die Vermögensausweisung ergibt einen Aktivstand von 592 fl 09 kr gegenüber einem Passivstand von 918 fl 16 kr. Jener entspricht genau dem Ergebnis der am 9. Dezember

1791 vorgenommenen Schätzung der Nachlaßgegenstände. Dieser ergibt sich aus der Forderung der Witwe auf Ersatz der von ihr bestrittenen Krankheits- und anderen Unkosten, die bei der Gläubiger-Konvokation am 19. März 1792 angemeldet worden waren. Nicht anerkannt wurden Constanzes Forderungen aus dem Ehepakt in Höhe von 1500 fl. Begründung: ... *nachdem selbe aber die richtige Zuzählung des Heurathsguts nicht erwiesen hat; so können auch ihre Heurathssprüche nicht in Abzug gebracht werden.*

4. Da sich aber auch ohne Berücksichtigung der ehegüterrechtlichen Ansprüche Konstanzes eine Überschuldung des Nachlasses mit 326 fl 07 x ergab, stellte Dr. Ramor den Antrag:

folglichen die Hinterlassenschaft derselben gegen Berichtigung der Kuratelsunkösten zu überlassen und einzuantworten ... worann umso weniger ein Anstand genommen werden dürfte, als die Frau Wittwe ... für die minderjährigen 2 Kinder Karl und Wolfgang Mozart zum väterlichen Erbgut 400 fl bereits zu Gerichts Handen erlegt hat.

Am Tage darauf, dem 2. März 1793, gibt Dr. Ramor namens seiner zwei minderjährigen Kuranden eine bedingte Erbserklärung *(cum beneficio legis et inventarii)* ab und überreicht diese samt Beilagen dem Magistrat mit der Bitte, die Erbserklärung anzunehmen und zu protokollieren. Der Magistrat genehmigt dieses Gesuch im Plenum am 2. April und verfügt die Einantwortung der Verlassenschaft an die Witwe Mozart gegen Bezahlung etwaiger Abhandlungsgebühren und gegen *Befriedigung des Kurators.* Damit hatte es freilich seine Zeit. Erst im August desselben Jahres bringt Dr. Ramor ein zweites Gesuch um Einantwortung und um Aufhebung der Jurisdiktionssperre ein, nachdem die erblasserische Witwe *seine Expensen sicherge-stellt* (hat) und *keine Abhandlungsgebühren sich ausständig befinden.* Am 22. August ergeht die entsprechende Weisung des Magi-strats an Crammer, der noch am selben Tage Vollzugsmeldung erstattet:

> *Unterzeichneter hat in Folge der Auflage*
> *A: die bey Hr: Wolfgang Amadäus Mozart*
> *K:K: Kapellmeisters, und Kammerkompo-*
> *siteurs seel. Verlassenschaft angelegte*
> *Sperr widerum abgethan,*
> *und sothane Verlassen-*
> *schaft der Wittwe Frauen*
> *Konstanzia Mozart der Ordnung nach überantworthet.*

Mit der Abnahme der Jurisdiktionssperre durch Dominic Crammer am 22. August 1793 endete nach 21monatiger Dauer die Verlassenschaftsabhandlung nach W.A. Mozart.

5. Ihr Abschluß, die *iure crediti*-Einantwortung an die erblasse-rische Witwe bei gleichzeitiger Sicherstellung etwaiger Inte-staterben, stellte keine Besonderheit dar. Er erfolgte in vielen Fällen und findet sich nicht selten auch im Freundes-, Bekann-ten- und Verwandtenkreise der Familie Mozart. So betrugen etwa nach dem Tode Franz (de Paula) Hofers am 14. Juni 1796 die Aktiven nur 203 fl 53 kr, während sich die Passiven auf 1123 fl 47 kr beliefen. Hauptgläubiger waren Frau Hofers Schwester Sophie mit 112 fl und deren späterer Ehemann Ja-kob Haibel mit zwei Schuldscheinen über je 300 fl. Nachdem die Witwe sich bereit erklärt hatte, für die Verlassenschaftsko-sten aufzukommen und für alle Schulden zu haften, wurde ihr die Verlassenschaft schon am 13. August 1796 *iure crediti* ein-geantwortet. Als Frau Josepha, verwitwete Hofer, geborene

Weber, ihrerseits am 29. Dezember 1819 einem Schlagfluß erlag, hinterließ sie einen bescheidenen Nachlaß im Schätzwert von 129 fl, dem Krankheits- und Leichenkosten in Höhe von 280 fl entgegenstanden. Da ihre Tochter keine Ansprüche erhob, erhielt Josephas zweiter Ehemann, Friedrich S. Mayer, den Nachlaß zu Gläubigerrecht. Analog zur Verlassenschaftsabhandlung nach Mozart verlief jene nach Anna Maria Schindler-Lange in den Jahren 1779–1781. Aktiven von 648 fl standen Passiven von 698 fl gegenüber, sodaß sich ein Abgang von 50 fl ergab. Nach einigem Hin und Her gab der Witwer – und damals schon Ehemann Aloysias – am 22. März 1781 die Erklärung ab, daß er seinen beiden minderjährigen Kindern je 100 fl als mütterlichen Erbteil *(maternam legitimam)* gegen Überlassung der Verlassenschaft hinterlegen werde. Dies wurde genehmigt.

6. Wenn daher im Falle Mozarts sich alle Beteiligten zu einer *iure crediti*-Einantwortung verstanden, so war diese Vorgangsweise richtig und heilsam. Sie vermied den drohenden Nachlaßkonkurs und verschaffte der Witwe eine Atempause, um das von ihrem Manne hinterlassene wirtschaftliche Desaster abzuwenden. Tatsächlich ist es Konstanze in überraschend kurzer Zeit gelungen, Ordnung in ihre Geldangelegenheiten zu bringen – und zwar lange vor der Bekanntschaft mit Nissen. Gewiß werden ihr in jenen schweren Tagen Ende 91/Anfang 92 die Freunde der Familie – es ist primär an Thorwart, van Swieten, Puchberg zu denken – Rat und Unterstützung gespendet haben. Doch hat Konstanze ihr Leben bald in die eigenen Hände genommen und dabei Wirtschaftlichkeit, Umsicht und Zähigkeit, auch eine bemerkenswerte Portion von Geschäftstüchtigkeit bewiesen. Eigenschaften, die während ihrer Ehe mit Mozart entweder geruht hatten oder unter dessen dominanter Lebensführung nicht zur Entfaltung gekommen

waren. Geschickt hat sie es auch verstanden, auf der Mitleids-
welle zu schwimmen und ihre Armut und Bedürftigkeit als
größer hinzustellen, als sie in Wirklichkeit waren. Immerhin
konnte sie schon 1797 dem befreundeten Ehepaar Duschek in
Prag ein Darlehen von 3500 fl zu 6% gewähren, das durch
eine Hypothek auf der schuldnerischen Villa *Bertramka* gesichert wurde. Ein deutliches Zeichen dafür, daß sie die Durst-
strecke der ersten Witwenjahre erfolgreich hinter sich gebracht
hatte. Als Konstanze, verwitwete *Etatsräthin* (von) Nissen, gewesene Witwe Mozart, geborene Weber, am 6. März 1842 in
Salzburg die Augen schloß, starb sie als wohlhabende Frau.
Aber das ist eine andere Geschichte.

WÖRTERBUCH

Bei Wörtern/Begriffen mit mehrfacher Bedeutung wird nur jene angegeben, die im Text gemeint ist.

Abschichtung: Ausscheiden eines Hauskindes aus dem väterlichen Haushalt

Absolutismus: Staatsform, die keine Gewaltenteilung kennt, sondern die gesamte Staatsgewalt in der Person des Monarchen vereinigt

AGO: Allgemeine Gerichtsordnung (für das zivilgerichtliche Verfahren) Josephs II. vom 1.5.1781, in Kraft seit 1.1.1782

Akzidentale: Nebenbestimmung, -punkt

ante meridiem: am Vormittag

Adquest (acquestus, adquestus)**:** eheliche Errungenschaft (güterrechtlich)

ars amandi: Liebeskunst

Aufgebot: (kirchen-)öffentliche Bekanntmachung einer geplanten Eheschließung zur Entdeckung etwaiger Ehehindernisse; → denuntiatio

Aufklärung: im 18. Jahrhundert herrschende, von der menschlichen Vernunft *(ratio)* bestimmte Geistesströmung; von Kant 1783 als *Ausgang des Menschen aus seiner selbstverschuldeten Unmündigkeit* definiert

Ausstattung: Zuwendungen, die einem Kind (bes. Sohn) zur Berufsausbildung, Geschäftsgründung, Heirat (mit-)gegeben werden

Aussteuer: Gut, das einer Tochter zur Eheschließung (mit-)gegeben wird

Bestandgeber: Vermieter

brac(c)hium saeculare: „weltlicher Arm", den der Staat der Kirche zur Durchsetzung/Vollstreckung kirchlicher Gerichtsurteile leiht

Chapeau: Hut, hier: Herr, Kavalier

Codex Theresianus: (nicht Gesetz gewordener) Entwurf einer Privatrechtskodifikation unter Maria Theresia von 1766

Constitutio Criminalis Theresiana (CCTh)**:** (Allgemeine) Peinliche Gerichtsordnung Maria Theresias vom 31.12.1768, in Kraft seit 1. 1. 1770 (Strafprozeßrecht und Strafrecht)

Contrados: → Widerlage

copula carnalis: „fleischliche Verbindung"; Beischlaf, Beilager, Vollzug der Ehe

copulatio: → Kopulation

Cur- und Chormeister: Leiter der erzbischöflichen Kurie bei St. Stephan

denuntiatio (auch: denunciatio)**:** eine von drei (kirchen-)öffentlichen Verkünd(ig)ungen (meist) von der Kanzel aus im Rahmen des → Aufgebots

Diözese: Amtsgebiet eines katholischen Bischofs; Bistum

Dispens (dispensatio)**:** Befreiung von einer Vorschrift oder einem Erfordernis (z.b. vom → Aufgebot) im Einzelfall

Domizil: Wohnsitz

Dos: → Heiratsgut

Ehekontrakt: Verlöbnis, Eheversprechen (!)

Ehepakt: güterrechtliche Vereinbarung der Brautleute oder Ehegatten

Einantwortung: gerichtliche Einweisung (der Erben) in den Nachlaß

Fahrnis: bewegliche Sachen, Mobilien

fl: Florin; → Gulden

forum non nobilium: Gerichtsstand für nichtadelige Personen

Gerhab: Vormund

Geschwächte: Geschwängerte

girieren: einen Wechsel begeben, übertragen, in Umlauf setzen

Gulden (fl)**:** Währungseinheit; zählte 60 → Kreuzer

Heiratsgut (auch: Mitgift, Dos)**:** Gut, das die Frau oder ein Dritter für sie aus Anlaß der Eheschließung dem Mann zuwendet

Heiratskontrakt (auch: Heuraths-Contract o.ä.)**:** → Ehepakt

Heyraths-Sprüche: Ansprüche aus einem → Ehepakt

Heyraths-Brief: in Urkundenform gefaßter → Ehepakt

Hoffaktor: privilegierter (Hof-)Lieferant

Hornung: Februar

Illuminaten: die „Erleuchteten"; Angehörige geheimer Gesellschaften zur Verbreitung aufklärerisch-freimaurerischen Gedankenguts

Indossament: Vermerk bei der Wechselübertragung auf der Rückseite (in dorso) des Papiers; → girieren

in facie ecclesiae: „im Angesicht", also vor oder in der Kirche

Internationales Privatrecht (IPR): nationale Normen, welche das bei einem Sachverhalt mit Auslandsbezug anzuwendende Recht bestimmen

iura circa sacra: äußere/weltliche Angelegenheiten der Kirche, deren Regelung der Staat in Anspruch nahm (Gegensatz: iura in sacris)

iuramentum libertatis: „Freiheitseid"; Eid der Brautleute, daß ihnen kein Ehehindernis bekannt sei

ius commune: gemeines, eigentlich: allgemeines Recht; von der neuzeitlichen Rechtswissenschaft auf römisch-rechtlicher Grundlage erarbeitetes Lehrgebäude, das vielfach in der Praxis Anwendung fand, wenn auch nur subsidiär, d.h. „aushilfsweise" nach den nationalen/lokalen Rechten

Jakobiner: Anhänger des Gedankenguts des radikalsten Clubs der Französischen Revolution; nach dessen Versammlungsort, dem Jakobinerkloster Saint Jacques in Paris

Josephina: Allgemeines Gesetzbuch über Verbrechen und derselben Bestrafung Josephs II. vom 13.1.1787, am selben Tag in Kraft getreten

JosGB (JGB): Allgemeines bürgerliches Gesetzbuch Josephs II. vom 1.11.1786, in Kraft seit 1.1.1787

Jurisdiktionsnorm: Vorschrift(en) über die Zuständigkeiten der (Zivil-) Gerichte, von Joseph II. ab 1783 länderweise erlassen

Kanonisches Recht: Kirchenrecht

Kanonisten: Lehrer des → kanonischen Rechts

Kantor: Geistlicher niederen Ranges in der kirchlichen Hirarchie

k.k.: kaiserlich-königlich

Kodifikation: systematisch-begrifflich geordnetes, in der Theorie lückenloses und (meist) mit ausschließlicher Geltung ausgestattetes Gesetzbuch über einen größeren Teil der Rechtsordnung (z.B. Handelsrecht, Strafrecht o.ä.)

Kodizill: einseitige letztwillige Verfügung, die – im Gegensatz zum → Testament – keine Erbeinsetzung enthält

Kollisionsrecht: → Internationales Privatrecht

Kolumnentitel: Seitenüberschrift

Konsens: Willensübereinstimmung; Zustimmung

Konsistorium (auch: Consistorium)**:** kirchlicher Gerichtshof einer → Diözese

Koventionalstrafe: vertraglich vereinbarte (Geld-)Buße für den Fall der Verletzung von Vertragspflichten
Konzil: Kirchenversammlung
Kooperator: Geistlicher niederen Ranges in der kirchlichen Hierarchie (über dem → Kantor)
Kopulation (auch: copulatio): Trauung (!)
kr (x): → Kreuzer
Kreuzer (kr, x): Münze; 60 Kreuzer machten 1 → Gulden
Kriminalgerichtsordnung: Vorschrift über das Criminal-Verfahren Josephs II. vom 17.6.1788, in Kraft seit 1.8.1788 (Strafprozeßordnung)
Kurat: Geistlicher niederen Ranges in der kirchlichen Hierarchie (über dem → Kooperator)
Kuratel: Vormundschaft, Pflegschaft
Kurator: Beistand/Pfleger, etwa für minderjährige oder abwesende Erben

Landrecht: in Niederösterreich Gericht 1. Instanz für adelige Personen
Legatar: Vermächtnisnehmer

Levit: Geistlicher niedrigsten Ranges in der kirchlichen Hierarchie (unter dem → Kantor)
liber copulatorum (copulationum): Trauungsbuch, -protokoll

Majorennität: Groß-, Volljährigkeit
Matriken: Personenstandsbücher, -verzeichnisse
matrimonium clandestinum: „heimliche", d.h. formlos geschlossene Ehe
matrimonium inchoatum: „angefangene Ehe", Verlöbnis
matrimonium ratum et consummatum: vollgültige und durch → copula carnalis vollzogene Ehe
Mitgift: → Heiratsgut
Morgengabe: Geschenk (oder Versprechen einer künftigen Zuwendung), welches der Ehemann seiner Frau am Morgen nach der Hochzeitsnacht gibt (macht)
Mündel: Person unter Vormundschaft
nata: geborene

Naturrecht: von der menschlichen Vernunft bestimmte Rechtstheorie der → Aufklärung

Wörterbuch

Nemesis Theresiana: „strafende Gerechtigkeit" der → Constitutio Criminalis Theresiana
Niederlagsverwandter: privilegierter Großhändler
nomine: namens, im Namen
Nutz und Gewähr: (Recht auf) Besitz und/oder Eigentum an einer Liegenschaft

Obligation: Schuld, Verbindlichkeit; Forderung
Oberste Justizstelle: von Maria Theresia 1749 für die Rechtsprechung in oberster Instanz und für die Justizverwaltung errichtete Behörde

Pandur: leichter ungarischer Fußsoldat
Personalstatut: das für das Personen-, Familien- und Erbrecht einer Person maßgebliche Recht; i.d.R. das Recht des Staates, dem die Person angehört
per vota unanima: einstimmig
Poenitentiar: Beichtvater
Polizey: innere Verwaltung im Sinne der Herbeiführung und Aufrechterhaltung einer „guten Ordnung" im Staate
praesumptio Muciana: Vermutung, daß der Erwerb in der Ehe im Zweifelsfall vom Manne herrühre
proclamatio: → Aufgebot
protocollum copulatorum (copulationum): Trauungsprotokoll, -buch
Pupill(in): Mündel, Pflegebefohlene(r)

Quasidomizil: (gewöhnlicher) Aufenthalt

Reugeld: vereinbarte (Abstands-)Summe/Vergütung, deren Bezahlung zu willkürlicher Vertragsauflösung berechtigt
Rituale: liturgisches Buch für Amtshandlungen katholischer Priester

Säkularisierung (auch Säkularisation): „Verweltlichung"; Übernahme/Überführung kirchlicher Agenden oder kirchlichen Vermögens durch den Staat
Solawechsel: „eigener Wechsel", bei dem sich der Aussteller selbst zur Zahlung verpflichtet
sponsa: Braut
sponsus: Bräutigam
StGB: Strafgesetzbuch

Stolgebühren: Gebühren für kirchliche (Amts-)Handlungen (etwa Taufe, Trauung, Bestattung)

Stolordnung: (staatliche) Regelung der → Stolgebühren

Supernumerar: „Überzähliger"; über die vorgesehene Zahl hinaus angestellter Geistlicher in Wartestellung auf einen „systematisierten" Posten

Tametsi: Dekret des Konzils von Trient (→ Tridentinum) von 1563 über die Reform des Eherechts; nach den Eingangsworten: *Tametsi dubitandum non est ...*

Testament: einseitige letztwillige Verfügung, die eine Erbseinsetzung enthält

testis: Zeuge

Theatiner (Kajetiner): geistlicher Männerorden nach der Augustinerregel

Tridentinum: katholisches Reformkonzil in Trient 1545–1563, das u.a. eine Reform des Ehe(schließungs)rechts beschloß (→ Tametsi)

tutor: Vormund

uxor: Ehefrau

vagans (vagus)**:** Person ohne (festen) Wohnsitz

Widerlage: Gabe des Mannes an die Frau als Gegenleistung für das → Heiratsgut

Wittiber: Witwer

Zensur: staatliche Kontrolle über Druckschriften

Zensuren (Censurae)**:** Kirchenstrafen

Zivilehe: Eheschließung vor einem staatlichen Funktionär (z.B. dem Standesbeamten); obligatorisch: der Staat erkennt für seinen Bereich nur die Zivilehe als Ehe an; fakultativ: der Staat erkennt für seinen Bereich sowohl die Zivilehe als auch die kirchliche Ehe an

PERSONEN

ADAMBERGER Johann Valentin
(1740–1804):
Sänger; Freund Mozarts; Freimaurer seit 1784/85; verheiratet
mit Maria Anna, genannt Nanni
(1752–1804), Sängerin 55

AGL Andre:
bürgerlicher Chirurg, Gläubiger
Mozarts 128

ANDRÉ Johann Anton (1775–1842):
Musikverleger in Offenbach 121,
130

ANDRESS (oder Andreas) Eleonore:
(Mit-)Eigentümerin des Hauses
Zum Auge Gottes am Peter,
Quartiergeberin der Familie →
Weber 12

ANHAMMER Michael:
Schustermeister, Gläubiger Mozarts 128

ANSION Anton:
k.k. Kammerdiener; Zeuge bei
Hochzeit Joseph → Lange mit
Aloysia → Weber 50, 61

ANZENBERGER Matthias:
Galanteriewarenhändler 137

ARNSTEINER Adam Isaak
(1721–85):
Bankier und Hoffaktor, Quartier-
geber Mozarts im Hause → Cont-
rini/→ Keesenberg 14

ARTZ Graf von:
Generalvikar der Erzdiözese
Wien, Vorsitzender des Konsisto-
riums 63

BAUERNFELD Joseph von:
k.k. privilegierter Schauspielun-
ternehmer 111

BERGIN Anna Maria:
Braut, dann Ehefrau → Glucks
43

BINZ Johann Georg:
Antiquar, Bücher-Schätzmeister
(-adjunkt) des Wiener Magistrats
118, 120

BRATI Johann Baptist:
Dr. jur., Trauzeuge bei Hochzeit
Franz → Thorwart mit Franziska
→ Schnock 50, 61

CETTO Johann Karl von Cronstorff:
k.k. n.ö. Regierungsrat; Trauzeuge Konstanze → Webers 33,
38, 41, 43, **53f**, 68, 70, 73

CLEMENTI Muzio (1752–1832):
italienischer Klaviervirtuose 52

COBENZL Johann Philipp Graf von
(1741–1810):
Staatskanzler, Förderer Mozarts
92

COLLOREDO Hieronymus
(1732–1812):
Fürsterzbischof von Salzburg
(1771–1803), Dienstgeber von
Leopold und zeitweise auch
Wolfgang → Mozart 11, 84, 86

CONTRINI Theresia:
(Mit-)Eigentümerin des Hauses
Stadt Nr. 1175 (heute I., Graben
17); → Keesenberg 14

CLOSSET Thomas Franz
(1754–1813):
Arzt, u.a. Mozarts 98

CRAMMER Dominic:
Kanzlist beim Wiener Magistrat;
Sperrs-Kommissär 106ff, 120,
142

DEINER Joseph:
Kellner od. Hausbursch im Gast-
hof *Zur silbernen (goldenen)
Schlange* in der Kärntnerstraße;
Faktotum bei Mozarts 99
DEYM Joseph Graf von Stržitež
(1752–1804):
nannte sich seit einer Duellaffäre
Müller; Betreiber eines Wachs-
figurenkabinetts, Bekannter
Mozarts (Totenmaske) 98
DÜMMER Georg:
bürgerlicher Schneidermeister,
Gläubiger Mozarts 128
DUSCHEK Franz und Josepha:
befreundetes Ehepaar der Fami-
lie Mozart in Prag 144

EDELBACH Benedikt (1748–?):
Hofagent, Bekannter Mozarts 55

FETZER Ferdinand:
Amtssekretär beim Obersthof-
marschallamt 96
FLAMM Franz Xaver (1739–1811):
Magistratsbeamter; in zweiter
Ehe verheiratet mit Barbara, geb.
von Stögern; Bekannter Mozarts,
Vormund von dessen Söhnen
124
FÖRSTER Emanuel Alois
(1754–1794):
Komponist, Aspirant auf die Nach-
folge Mozarts als Hofmusikus 131
FRANZ II./I. (1768–1835):
römisch-deutscher Kaiser

1792–1806, als Franz I. erblicher
Kaiser von Österreich 45, 131
FRIEDRICH WILHELM II.
(1744–97):
König von Preußen ab 1786 120,
129

GILOWSKY von URAZOWA
1. Franz Anton (1756–?): Gründer
    einer Briefpost in Wien, Schuld-
    ner Mozarts 114, 116
2. Franz Wenzel (1673–1731): Salz-
    burger „Ahnherr" der Familie
    Gilowsky 54
3. Franz Xaver Wenzel (1757–1816):
    der „Windmacher", Freund und
    Trauzeuge Mozarts, Sohn von 5.
    33, 38, 41, 43, **54f**, 68, 71, 74, 114
4. Friedrich Cajetan (1750–1794):
    Militärbeamter, Jakobiner, Halb-
    bruder von 6. 56
5. Johann Wenzel Andreas
    (1716–1799): Bader, Hofchirurg in
    Salzburg; Vater von 3. 54
6. Leopold Benedikt (1758–?): Apo-
    theker in Wien 55
GLUCK Christoph Willibald
(1714–1784):
Komponist; seit 1750 verheiratet
mit Anna Maria → Bergin 43, 64
GOLDHAHN Joseph Odilo:
Bekannter Mozarts, Zeuge bei
der Todfallsaufnahme; eine Tochter namens Nannette 99, 107,
110f
GRASELLER Johann Georg:
Zeuge bei der Nachlaßinventari-
sierung 113
GULDENER Eduard von Lobes
(1763–1827):
Praktischer Arzt, ab 1800 Stadtphysikus, Freimaurer 98

LEOPOLD II. (1747–1792):
Bruder und Nachfolger → Jose-
phs II.; römisch-deutscher Kaiser
ab 1790 45, 80, 99, 130ff
LEX Carl Joseph:
Cur- und Chormeister von St.
Stephan 46
LICHNOWSKY Karl Alois Johann
Nepomuk, Graf (später Fürst) von
Woszczyc (1761–1814): Schüler,
dann Reisegefährte (Dresden,
Leipzig) und (Haupt-)Gläubiger
Mozarts; 1753-85 Freimaurer
133ff, 139

MARIA THERESIA (1717–1780):
Königin von Ungarn und Böh-
men, Erzherzogin von Österreich
ab 1740 16, 19, 35, 37, 78, 88, 99
MARTINI Karl Anton Freiherr von
(1726–1800):
Jurist, Naturrechtler 99
MAYER Friedrich Sebastian
(1773–1825): Sänger, Regisseur;
zweiter Ehemann von Josepha →
Weber; Vormund der Söhne
Mozarts 140
MAYER Georg:
bürgerlicher Schneidermeister
128
MIGAZZI Christophorus Anton,
Graf von (1714–1803):
Erzbischof von Wien 1757–1803
59, 86
MOSSBACH Leopold (1735–1821):
Jurist, Vizebürgermeister von
Wien seit 1783, k.k. Rat 126
MOZART
1. Johann Georg Leopold
(1719–1784): Musikpädagoge,
(Vize-)Kapellmeister des fürsterz-
bischöflichen Hofs in Salzburg;

Freimaurer ab 1785; Vater von 2.
11, 23, 25f, 30, 33f, 67, 86
2. Wolfgang Amadeus (1756-1791):
Kapellmeister, k.k. Hofmusikus
(ab 1787); Freimaurer seit
1784/85; verheiratet mit Konstanze → Weber; sechs Kinder,
davon zwei den Vater überlebende:
3. Karl Thomas (1786–1858) 76, 98,
110, 120f, 124f, 128, 139
4. Franz Xaver Wolfgang
(1791–1844) 76, 98, 110, 120f,
124f, 128, 139
MÜLLER Balthasar:
Mobilien-Schätzmeister beim
Wiener Magistrat 113

NIEMETSCHEK Franz Xaver
(1766–1849):
Gymnasialprofessor in Prag,
dann Professor für Philosophie
und Pädagogik in Prag und in
Wien; Biograph Mozarts und
väterlicher Freund von dessen
Söhnen 125, 132
NISSEN Georg Nikolaus (von)
(1761–1826): dänischer Diplomat;
zweiter Ehemann von Konstanze
→ Weber-Mozart (ab 1809); Biograph Mozarts 24, 120f, 133,
139f, 143f

OGESSER Joseph (um 1733-99):
Kooperator und ab 1792 Pfarrer
bei St. Stephan, zuletzt Rektor
und Cur- und Chormeister; Ver-
fasser einer bekannten Dombe-
schreibung 73
OLL Johann:
Universitätsbuchhändler 118

LITERATUR

A. Allgemeines

1. Reiches Material zu Mozart und seiner Zeit ist den **Katalogen** der
   großen Mozart-Ausstellungen 1991 in Wien und Salzburg zu entnehmen:
   Mozart – Bilder und Klänge. Katalog der 6. Salzburger Landesaus-
   stellung (1991);
   Zaubertöne: Mozart in Wien 1781–91. Katalog der Sonderausstellung
   des Historischen Museums der Stadt Wien (1991).

2. Als besonders wertvoll für die vorliegende Arbeit haben sich folgende **Monographien** erwiesen:
   Volkmar BRAUNBEHRENS, Mozart in Wien[5] (1997);
   H.C. Robbins LANDON, Mozart – Die Wiener Jahre 1781–1791
   (1990).

3. Die meisten der Mozart betreffenden **Briefe, Dokumente und Ak-
   tenstücke** sind in folgenden Editionen enthalten:
   Mozart: Briefe und Aufzeichnungen. Gesamtausgabe hg. von der Internationalen Stiftung Mozarteum Salzburg, gesammelt und erläutert
   von Wilhelm A. BAUER und Otto Erich DEUTSCH, I–IV (Text), V u.
   VI (Kommentar – bearbeitet von Joseph Heinz EIBL), VII (Register
   – zusammengestellt von Joseph Heinz EIBL) 1962–75;
   Otto Erich DEUTSCH (Hg.), Mozart – Die Dokumente seines Lebens
   (= Neue Ausgabe sämtlicher Werke, Serie X: Supplement, 1961);
   Arthur SCHURIG, Konstanze Mozart: Briefe/Aufzeichnungen/Doku-
   mente 1782–1842 (1922).

4. An **Darstellungen des (Privat-)Rechts** zur Zeit Mozarts sind zu
   nennen:
   Johann DONNER, Die österreichischen Rechte (1777);
   DERS., Einleitung zur Kenntnis der österreichischen Rechte (1778);
   Alois TILLER, System der bürgerlichen Rechtslehre I–III (1787–89);
   Georg SCHEIDLEIN, Erklärung des österreichischen Provinzialrechtes

I–III. Nach den Vorlesungen des Hrn. Georg SCHEIDLEIN hg. von Dr. MAYERHOFER (1805).

5. Die meisten der zitierten **Rechtsquellen** sind in folgenden zeitgenössischen Sammlungen zusammengestellt:
Codex Austriacus (I–VI, 1704–77);
Handbuch aller unter der Regierung des Kaisers Joseph II. für die k.k. Erbländer ergangenen Verordnungen und Gesetze in einer systematischen Verbindung (1785–90);
Gesetze und Verfassungen aus dem Justizfache (= „Justizgesetzsammlung" 1780–1848);
Der Codex Theresianus und seine Umarbeitungen, hg. von Ph. HARRAS von HARRASOWSKY, I–V (1883–86).

6. An **Archivmaterial** wurde u.a. herangezogen:
WIENER STADT- UND LANDESARCHIV: Verlassenschaftsakt Mozart (Persönlichkeiten, Faszikel 2: Magistratische Verlassenschaftsabhandlungen, 3703/1791); dazu Faksimile (Auszug) mit Kommentar und Transkription hg. von Peter CSENDES (1991); – Sammlung „Portheim" (diverse Personalia); – diverse Schematismen und Häuserverzeichnisse;
WIENER DIÖZESANARCHIV: Wiener Protokolle Nr. 66. Protokolle in Ehesachen 1782–1788, Konsistorium vom 2. August 1782, 6 f; diverse weitere Protokolle;
ALTMATRIKENREFERAT DER PFARRE ST. STEPHAN: Trauungsbücher Nr. 59, 73, 74 und 77; – Bahrleihbuch 1791;
ARCHIV DER UNIVERSITÄT WIEN: Jurist. Rigorosen-Protokolle 1774–91.
Die Leiter und Mitarbeiter dieser Institutionen haben die vorliegende Arbeit mit Geduld und großer Sachkenntnis unterstützt und gefördert. Dafür sage ich ihnen allen aufrichtigen Dank!

B. Einzelfragen

1. Zum **Recht des Verlöbnisses** und der **Eheschließung** im allgemeinen und zu Mozarts Hausstandsgründung im besonderen:
Emil FRIEDBERG, Das Recht der Eheschließung in seiner geschichtlichen Entwicklung (1865; Neudruck 1965);

Joseph Valentin EYBELS, Einleitung in das katholische Kirchenrecht IV/1 (1779) bes. 378 ff;

Heinrich DEMELIUS, Zur Geschichte des Eheversprechens nach österreichischem Recht, Juristische Blätter (JBl) 1948, 277–279;

Werner OGRIS, bey der Copulation war kein Mensch als die Mutter und die jüngste Schwester. Mozart und das Eherecht seiner Zeit, Juristische Ausbildung und Praxisvorbereitung (JAP), Wien 1991/92 Heft 1, 14–19.

2. Zum **ehelichen Güterrecht**:
Wilhelm BRAUNEDER, Die Entwicklung des Ehegüterrechts in Österreich (1973);

Werner OGRIS, Mozarts Heuraths-Contract vom 3. August 1782, in: Festschrift zum 80. Geburtstag von Hermann Baltl (1998);

Max KRATOCHWILL, Christoph Willibald Glucks Heiratskontrakt, in: Jahrbuch des Vereins für die Geschichte der Stadt Wien 10 (= Festschrift zur Jahrhundertfeier des Vereines 1953) 234–239.

3. Zum **Vormundschaftsrecht**:
Karl CHORINSKY, Das Vormundschaftsrecht Niederösterreichs (1878);

Eduard ALBEG, Das Obersthofmarschallamt (1908).

4. Zu Mozarts **Freundes- und Familienkreis** (Thorwart, Familie Gilowsky u.a.):
Emil Karl BLÜMML, Aus Mozarts Freundes- und Familienkreis (1923);

Heinz SCHULER, Die Salzburger Familie Gilowsky von Urazowa und ihre Beziehungen zu den Mozarts, Wiener Figaro (Mitteilungsblatt der Mozartgemeinde Wien 46, Mai 1979) 27–35;

DERS., Mozarts Salzburger Freunde und Bekannte (= Taschenbücher zur Musikwissenschaft 119) 1998, bes. 107–115.

5. Zu Mozarts **Finanzen und Gläubigern**:
Walther BRAUNEIS, „... wegen schuldigen 1435 f 32 xr". Neuer Archivfund zur Finanzmisere Mozarts im November 1791, in: Mitteilungen der Internationalen Stiftung Mozarteum 39. Jg. Heft 1–4, 159–163;

Rudolph ANGERMÜLLER, „Auf Ehre und Credit" – Die Finanzen des W.A. Mozart, Ausstellungskatalog Salzburg 1983, 1–21;
DERS., Ehre, Ruhm und Geld – Die Finanzen Mozarts, in: Mozart – Bilder und Klänge (wie oben A. 1.) 348–349;
Gustav GUGITZ, Mozarts Finanzen und Freund Puchberg, Österreichische Musikzeitschrift (1952) 219–225.

6. Zum Jakobinertum und zur **Freimaurerei**:
Helmut REINALTER (Hg.), Aufgeklärter Absolutismus und Revolution (1980) bes. 229 ff;
DERS. (Hg.), Biographisches Lexikon zur Geschichte der demokratischen und liberalen Bewegungen in Mitteleuropa I (1992);
Heinz SCHULER, Mozart und die Freimaurerei (= Taschenbücher zur Musikwissenschaft 113) 1992;
Harald STREBEL, Der Freimaurer Wolfgang Amadé Mozart (1991).

7. Zu den **josephinischen Reformen**:
Inge GAMPL, Staat–Kirche–Individuum in der Rechtsgeschichte Österreichs zwischen Reformation und Revolution (= Wiener Rechtsgeschichtliche Arbeiten XV, 1984) 65 ff;
Rudolf HOKE, Österreichische und Deutsche Rechtsgeschichte[2] (1996) 256 ff;
Werner OGRIS, Joseph II.: Staats- und Rechtsreformen, in: Peter E. BARTON (Hg.), Im Zeichen der Toleranz (= Studien und Texte zur Kirchengeschichte und Geschichte VIII, 1981) 109–151.

8. Zu **Mozarts Tod und Leichenbegängnis**:
Hans BANKL, Viele Wege führen in die Ewigkeit[2] (1992) 9 ff;
Edgard HAIDER, Das letzte Lebensjahr eines Genies und ein Italiener in Wien. Das Sterbehaus des Wolfgang Amadeus Mozart und der Mozarthof, Rauhensteingasse 8, in: Wien im Wandel. Von den Babenbergern bis heute (1996) 71–90;
Anton NEUMAYR, Musik und Medizin[6] (1995) 90 ff.

9. Zur **Verlassenschaftsabhandlung** im allgemeinen und jener Mozarts im besonderen:

Josef VOGLHUEBER, Praktische Anleitung, wie eine Verlassenschaftsabhandlung über ein freivererbliches Vermögen eingerichtet werden
solle (1789);

Josef UNGER, Die Verlassenschaftsabhandlung in Österreich (1862);

Karl CHORINSKY, Das Notariat und die Verlassenschaftsabhandlung
in Österreich (1877);

Werner OGRIS, Die Verlassenschaftsabhandlung nach W.A. Mozart,
in: Publicationes Universitatis Miskolciensis, Sectio Juridica et Politica, Tomus XV (1998) 127–136.

Bildnachweis

Privat: 1, 14, 27
Internationale Stiftung Mozarteum: 2, 4, 5, 10, 32
Wiener Stadt- u. Landesbibliothek, Druckschriftensammlung: 6
British Library, Nachlaß Stefan Zweig: 8
Historisches Museum: 9, 12, 15, 20, 21, 22, 23, 24, 30
Altmatrikenreferat der Pfarre St. Stephan: 7, 11, 13, 16, 26
Kunsthistorisches Museum: 17
Wiener Stadt- u. Landesarchiv: 28, 29, 31, 33
Österreichisches Staatsarchiv, Finanz- und Hofkammerarchiv: 34
Österreichische Nationalbibliothek, Bildarchiv: 35
Bibliothek Juridicum: 3, 18, 19, 25

Wien bei böhlau

Werner Ogris
Vom Galgenberg zum Ringtheaterbrand
Auf den Spuren von Recht und Kriminalität in Wien
1997. 256 S. zahlr. SW-Abb. Geb.
ISBN 3-205-98611-3
Dieser Streifzug durch Wien verfolgt die Spuren, die
das Rechtsleben in der Donaustadt hinterlassen hat.
Die vestigia iuris sind zahlreich und vielfältig, aber
meist nicht unmittelbar erkennbar und greifbar. Und
doch läßt sich an Dutzenden Stellen Rechtsgeschichte
(und Unrechtsgeschichte) darstellen und lebendig
machen.

böhlauWien

Erhältlich in Ihrer Buchhandlung!

Wien bei **böhlau**

Ferdinand Opll
Leben im mittelalterlichen Wien
1998. 208 S. 53 SW-Abb. Geb.
ISBN 3-205-98913-9

Das „Leben im mittelalterlichen Wien" folgt dem Lebens-
zyklus, von der Geburt über Kindheit und Jugend, Heirat
und Familie bis hin zu Alter und Tod. Beschreibungen der
„Lebensräume" von Stadt und Haus und die Frage, wie
die Umwelt überhaupt wahrgenommen wurde, leiten
über zu den Lebensbedingungen, den Lebenserforder-
nissen und der Lebensführung. Aspekte der Alltags-
forschung wie „Verhaltensweisen und Mentalität", „All-
tag und Fest" und das „öffentliche Leben" im Wiener
Mittelalter werden ebenso behandelt wie der Anteil des
Bürgers am politischen Leben, die vielfältigen Rege-
lungen, Normen und Sanktionen, denen das Alltagsleben
unterworfen war. Sechs ausgewählte Lebensbilder
konkretisieren die allgemeinen Erörterungen anhand des
Schicksals von Einzelpersönlichkeiten und runden die
Darstellung ab.

Ferdinand Opll
Nachrichten aus dem mittelalterlichen Wien
Zeitgenossen berichten
1995. 288 S. 18 SW- u. 24 Farbabb. Geb.
ISBN 3-205-98372-6

böhlauWien

Erhältlich in Ihrer Buchhandlung!

Musik bei bóhlau

böhlauWien